到睡不著

危險心理學

職場心理研究家
神岡真司 兼修

晨星出版

前言 只要善用心理圈套與心理學技巧就能如魚得水！

本書是銷售突破35萬本的暢銷書《危險心理學》的升級版。本書精選了重要度三顆星的心理學精華，為讀者們傳遞最新的資訊。

基本上，人的思考模式原本就是漏洞百出，不小心受騙上當的情況屢見不鮮。這是由於我們很難擺脫捷思法（※1）和認知偏誤（※2）的影響。

當我們掌握事物的本質時，首先本能地想要以直覺做出判斷。

此時，腦的「系統1」會下意識地單純化思考當下遇見事情。例如發現腳邊有蛇的時候一邊驚呼「啊，有蛇，好可怕！」一邊拔腿狂奔。還有，能立即心算「2×3＝6」，得出餐點只需準備6人分就夠了。以及，做出反射性思考，判斷「把拉麵的湯全部喝光不利減肥」等。類似這樣的反射性思考，用意在於避免腦部消耗，造成疲勞。

但我們也會遇到無法輕易判斷的場合。

※1 捷思法＝是一種依賴經驗快速判斷，但也可能犯錯的思考程序。
※2 認知偏誤＝因捷思法的判斷錯誤，每個人都很容易出現的心理傾向偏差。

例如遇到「到底該怎麼做才能帶動產品的銷路」「A的條件和B的條件哪個比較好，該怎麼選」之類的情況。這時，出動的就是會增加腦部負擔的「系統2」，以便多花點時間進行具邏輯性的意識思考。

不論是以直覺判斷的「系統1」，還是以邏輯思維進行思考的「系統2」，我們都難以避免陷入捷思法和認知偏差等「思考的慣性」「判斷的偏差」「先入為主的陷阱」。

舉例而言，認為帥哥和美女大多人美心善的「光環效應」等，這種認知其實根本「誤會大了」，偏偏很多人都深信不疑。

總歸來說，我們每個人都在渾然不覺的情況下，如同上述般置身於各種危險誘導的情境裡。

最後願各位在讀了本書以後，能夠善用書中介紹的心理圈套，順利馭人於無形，走上人生的康莊大道。

神岡真司

目次

第2章 如何提升好感度的心理學技巧 …… 43

第3章 操縱對手心理的心理學技巧 …… 81

第4章 擄獲對方的心的心理技巧 125

第1章

從對方的言行舉止看透他的心理

STAGE 1

若想看穿他的想法，看「眼神的流轉」就對了！

從眼睛的動作可以看出對方是否說謊

日本有句俗諺說「眼睛透露的資訊不比嘴巴少」，事實上，人的腦子在想像著某件事情時，旁人可以透過其眼神的流轉知道他在想什麼。

舉例而言，右撇子的人在想像自己的記憶中沒有的畫面時，眼球會朝向右上方；如果是記憶中已有的畫面，眼球會朝著左上方。另外，當人想像著記憶中不曾出現過的聲音和話語時，眼球會往右側移動，相反地，若是在回想記憶中的某個聲音或話語，眼球會轉向左側。

總歸來說，如果你發現對方在回答你的問題時，他的視線不是往右上就是往右移動，可以判斷出此時對方大腦裡快速運轉的部分，不是掌管既存記憶的右腦，而是左腦，也就是說，他正在編造虛構的事實＝說謊。

另外，一般認為多數的左撇子和一部分的右撇子，眼球的轉動方向和上述剛好相反。但是，只要事先掌握對方的眼球動作所遵循的規則，就能夠得知其真實的反應。簡單來說，只要平常多注意對方的眼球轉向，就能判斷他說的是實話還是謊話了。

靠眼球的轉向掌握其腦中所想

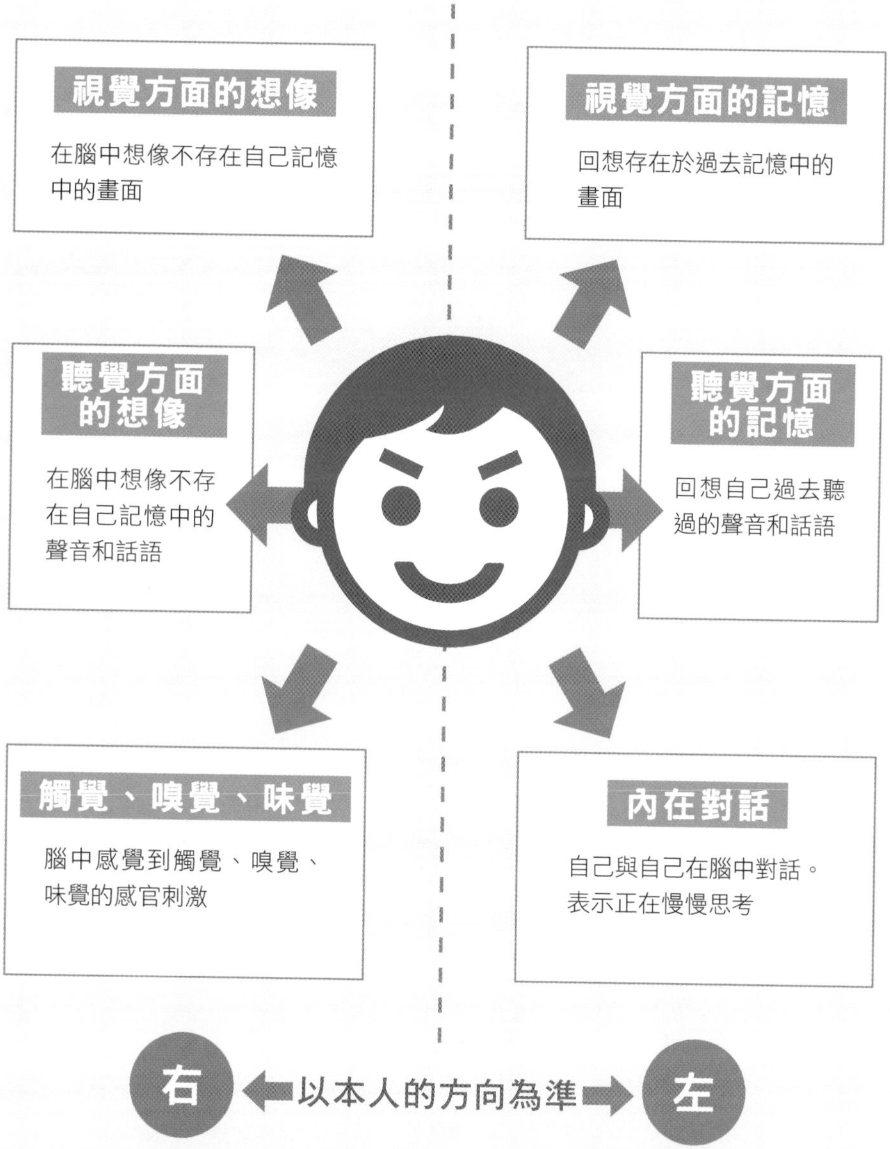
視覺方面的想像
在腦中想像不存在自己記憶中的畫面
視覺方面的記憶
回想存在於過去記憶中的畫面
聽覺方面的想像
在腦中想像不存在自己記憶中的聲音和話語
聽覺方面的記憶
回想自己過去聽過的聲音和話語
觸覺、嗅覺、味覺
腦中感覺到觸覺、嗅覺、味覺的感官刺激
內在對話
自己與自己在腦中對話。表示正在慢慢思考
右
以本人的方向為準
左

（上述為右撇子的情況，左撇子所看到的情況大多相反）

STAGE 2

識破對方說謊的方法

說謊時的身體反應

當自己的謊言被人揭穿時，出於緊張的關係，說謊者很容易出現各種身體的反應。因此，若你懷疑對方講的不是實話，不妨直接了當地詢問對方「你說的是謊話吧？」，通常能得到滿意的結果。

舉例而言，假設兩個人明明聊得好好的，對方卻在你向他提問後，講話變得吞吞吐吐，或者講話速度變得很快，甚至出現答非所問的情形，都已充分證明對方的內心正慌亂不已。另外，對方為了避免自己受到更進一步的追究，突然急著改變話題也是常見的反應之一。

除此之外，眼神游移不定、眨眼次數增加、突然翻臉發脾氣、表現出煩躁不安的樣子、額頭冒汗或流手汗等，也是證明一個人內心陷入慌亂的代表性動作。總之，如果對方出現上述反應，表示他很可能做了什麼不想讓人知道的事。

另外，看看談話之後的反應，也是識破對方有無說謊的方法之一。如果自己的謊言沒有被拆穿，人很自然地會產生安全感，有時會反應在用手遮住嘴巴、用手撫胸、舔嘴唇、揚起某一邊的嘴角等動作。

說謊時常見的反應

■正在說謊時的身體反應

・說話速度突然加快
・講話變得吞吞吐吐
・時常答非所問
・突然發脾氣
・眼神游移不定
・表現得急躁不安
・額頭冒汗和流手汗

■靠謊言順利蒙混過關之後的身體反應

用手遮住嘴

代表內心不安，擔心自己是否失言

用手撫胸

度過難關後，鬆了一口氣時最容易出現的動作

舔嘴唇

因為緊張而感到口渴時的反應

一邊的嘴角上揚

來自順利騙過別人所得到的成就感，因而貶低對方的心理

STAGE 3

從對方觸摸的身體部位看清他的內心

從下意識表現出來的小動作洞察對方的內心

不論是與人交談，還是單獨進行什麼作業時，很多人都會不自覺地表現出幾個自己特有的小動作。殊不知這些看似毫無意義的小動作，有時也會表現出一個人令人意想不到的一面。

舉例而言，當自己正在思考，對聊天話題感到意興闌珊時，習慣用手遮住嘴巴的人，據說傾向於在情感上依賴別人。這點是受到幼兒期吸吮母親的乳房，可以由此獲得營養與撫慰感的行為所影響。因此，當他們感到心神不寧或不安，就會不自覺地觸摸嘴巴，以尋求深植在記憶之中的安全感。

另外，講話時喜歡一邊摸耳垂或者習慣托腮的人，很可能是個性熱心，富有服務精神的自戀型人格。這個類型的人如果處在心情很嗨的狀態，說話可能會誇大其辭，建議不要照單全收，起碼要打五折。

除此之外，講話時會出聲附和「真的假的!?」，而且同時撫摸臉頰的人，屬於同理心強，對別人的話反應較為敏感的類型。至於摸眼睛的人，則代表下意識地不想讓人看透自己眼中所流露的表情，這個動作也被視為是人說謊時常出現的動作之一。

手不自覺伸向的部位與一個人的性格特質

摸眼睛的人

說謊時容易出現的動作。表現出一個人下意識地不想被人看清眼睛所透露出來的情緒

摸耳朵和臉頰的人

這是個性熱心助人，帶有自戀性格的人容易出現的動作。一旦和對方相談甚歡，他們講話會傾向加油添醋。

摸嘴巴的人

出於下意識尋求安全感的動作。經常出現於坐立難安時。這類型的人在情感上有依賴別人的傾向

摸臉頰的人

常出現於同理心強，聽到對方的話，能敏感做出反應的人的動作

STAGE 4

自尊心強的人容易出現的小動作

從下巴的高度掌握對方的心理

自尊心和野心愈強的人，愈希望自己在周圍人眼中看起來很強大。這股企圖心所包含的不僅是能力與資歷，也包括外表。簡單來說，這個類型的人也希望自己在視覺上看起來更有分量。

說到這類型的人最常出現的小動作，首推下巴在講話時會往前突出。只要下巴往前伸，胸膛自然也跟著往前挺，形成從上往下俯視對方的姿勢。這點充分顯示出他們希望自己在眾人間高人一等的心理，可說是表現欲強烈的人。

另一方面，如果你發現對方原本講話的樣子都很正常，卻突然抬起下巴，用從上往下的角度看你，那就表示他對你提出的意見有異議。

相反地，將下巴縮起來，以頭對著眼前對象的姿勢，其實也是一種戰鬥姿勢，表現出企圖威嚇、攻擊對方的心理。如果你看到眼前的對象擺出這樣的姿勢，最好立刻決定要正面迎擊或是迴避。

從下巴可以了解對方的心理狀態

■對話時把下巴往前伸

表現出希望自己高人一等的心理

從上往下俯視對方的眼神

下巴明顯往前突出

野心或出風頭欲望愈強的人，愈是傾向以這個姿勢增加自己的分量

■在談話當中突然縮起下巴

這個姿勢表示對方對你的意見頗有微詞

從上往下俯視對方

明顯縮起下巴

對方想反駁你的意見，所以你必須立刻判斷要正面迎擊或迴避

STAGE 5

以口頭禪看透對方的本性①

不經意脫口而出的口頭禪，竟然包含這樣的意義……

雖然世界上沒有什麼事情是「絕對」，但有些人就是喜歡把「絕對沒問題」這類話當作口頭禪掛在嘴邊。因為「絕對」這兩個字，可能會讓人覺得他們對自己充滿信心，但從深層心理學的觀點而言，他們口中的「絕對」，其實是缺乏自信的表徵。在毫無根據的情況下，動不動就說「絕對」的人，與其說他們是為了說服對方或向對方保證，其實更多時候是在告訴自己「應該沒問題啦！」。

明明尚處於懸而未決的狀態，有些人卻很習慣說「先暫定這樣吧」。把這句話當口頭禪的人，屬於不喜歡更改計畫的類型，也不會輕易改變既定的觀念。雖然嘴巴上說「暫定」，其實心裡很可能就此定案。因此，如果再向對方提出其他意見，很可能只是適得其反。

至於動不動就說「果然」的人，比較不會拘泥在一件事上，屬於能夠臨機應變的類型。優點是懂得依照情勢彈性應變，但是過於仰賴臨場反應，難免會有欠缺一貫性的問題。另外，把「欸，讓我想一下」當作口頭禪的人，屬於個性較為幼稚不成熟，依賴心較強的類型。在做簡報等場合經常脫口而出「欸，讓我想一下」的人，可能會讓聽者對他產生「不熟悉報告內容」的印象。知道自己有這個習慣的人，最好隨時提醒自己不要再犯。

從口頭禪可以了解對方的性格特質

口頭禪是「絕對」的人

一定會
很順利！

以心理學的觀點而言……

是缺乏自信的表徵

憑感覺下判斷的人，有時候斬釘截鐵說的「絕對」，其實是說給自己聽的，用意是掩飾自己缺乏信心。遇到這樣的人時，懂得不要對他說的「絕對」照單全說很重要。

口頭禪是「先暫定這樣吧」的人

先暫定照這
個計畫進行吧

以心理學的觀點而言……

個性死板，不喜歡變更計畫

個性看似能屈能伸，其實屬於腦筋死板的類型。聽到他們口頭上說「先暫定這樣吧」時，當作已經定案較為實際。

口頭禪是「果然」的人

果然失敗了

以心理學的觀點而言……

思考靈活，能夠臨機應變

能夠依照情況的各種變化巧妙應對，但屬於見招拆招的類型，有欠缺一貫性的傾向。

口頭禪是「欸，讓我想一下」的人

欸，讓我
想一下，這份
資料呢……

以心理學的觀點而言……

依賴心強，個性幼稚

動不動就說「欸，讓我想一下」的人，傾向不自覺地讓自己受到注目，希望其他人也加入自己目前所處的情況。屬於個性幼稚的類型。只要一再肯定對方，就能得到他的信賴。

STAGE 6

以口頭禪看透對方的本性②

面對有這句口頭禪的人，一定要這樣應對！

動不動就喜歡吐苦水，說「我之前真的很辛苦」的人，簡單來說，有自我誇大的傾向。「雖然很辛苦，但我還是做到了」「這道難關我終於克服了」之類的話聽在別人耳裡，不但可能有誇大之嫌，也讓人覺得這個人對自己的能力評價過高。但是，直接吐槽對方可能只會引起他的反感，建議各位還是隨便敷衍幾句，選擇左耳進右耳出就算了。

只要一開口，幾乎都以「那麼」當作開場白的人，屬於個性一板一眼、較不懂得變通的類型。這類型傾向於重視年資和職位，所以當你遇到這類型的人時，如果對方較你年長，建議你要保持恭敬有禮的態度，更加注意說話的用字遣詞。

聽到別人發表意見之後，馬上用「可是」反駁的人，屬於猜忌心較強的類型，傾向於凡事都抱著小心謹慎的態度。與這類慢熟性格的人相處，需要花更多時間才能與他變得親近，但只要消除讓對方感到不安的因素，就能逐漸卸下他的心防，得到他的信任。

此外，把「該怎麼說呢」當口頭禪的人，屬於不論面對何事，都想發表自己的看法，不吐不快的類型。他們主觀意識強烈，喜歡一再舊事重提，很可能導致會議或協商時間拉長。與這類型的人相處時，請小心不要讓自己一直去配合對方的步調。

從口頭禪可以了解對方的性格特質

口頭禪是「好辛苦噢」的人

雖然很辛苦，
但我還是想辦法
完成了

以心理學的觀點而言……

自我評價過高

喜歡大吐苦水「我真的很辛苦」的人，傾向於高估自己的實力。建議你不要否定對方，只要敷衍他幾句，聽聽就好了。

口頭禪是「那麼」的人

那麼，
我們要談談
下一個議題

以心理學的觀點而言……

較不懂得變通

從這個接續詞表現出重視秩序的心態，但也有不知變通的一面。若有共事機會要特別小心

口頭禪是「可是」的人

可是，
那就表示……

以心理學的觀點而言……

猜疑心強

猜疑心強，不論對什麼事都抱著謹慎小心的態度。需要多花點時間才能與這類型的人變得親近，但只要能消除讓對方感到不安的因素，就能逐漸贏得他的信任。

口頭禪是「該怎麼說呢」的人

該怎麼說呢，
這樣有意義嗎

以心理學的觀點而言……

很有主見

不論遇到何事，都想搶先發表自己的意見，不吐不快的類型。有可能會成為協商進行的絆腳石，請提醒自己不要一直迎合對方的步調。

STAGE 7

要特別注意口頭禪是以下3句話的人

特別要注意的三句口頭禪是「這件事我只在這裡說」「所以我說」「沒想到」

首先是向他人洩漏祕密和打開天窗說亮話時，有句熟悉的開場白：「這件事我只在這裡說。」其實，這句話的背後，隱藏著說者想要藉由資訊的公開，拉近與對方的距離，與對方深交的心理。這種心理在心理學上稱為「自我揭露的回報性」；事實上，因為自己主動開口「老實說……」，向對方吐露私事，因而拉近彼此距離的情況並不少見。

但是，自己主動透露消息，並且強調「這件事我只在這裡說」，也能夠達到暗示對方也要「禮尚往來」的效果。因為有些人把「這件事我只在這裡說」當作引出對方吐露消息的手段，所以請各位務必自我提醒要堅定立場，以免情緒不小心被對方煽動而失言。

另外，動不動就說「所以我說」的人也是需要特別注意的對象。因為會說「所以我說」的人，大多時候只是為了打斷別人的話，強硬地要大家接受他的意見。這個類型的處世原則就是我行我素，所以在工作上出包，成為闖禍精的機率不低。除此之外，喜歡把「真沒想到」掛在嘴邊的人，屬於對非正規的事物會感到有趣的類型。對於個性穩健，喜歡腳踏實地的人來說，和這類型的人相處，可能會覺得很有負擔，所以相處上要格外注意。

要注意把這幾句話當作口頭禪的人

口頭禪是「這件事我只在這裡說」的人

這件事我
只在這裡說……

以心理學的觀點而言……

目的是從對方得到自我揭露的回報

所謂的「自我揭露的回報性」，意即藉由吐露自己的祕密或私事，藉此讓對方也同樣說出祕密的心理。追根究柢而言，其內心深處隱藏著希望透過祕密共享，能夠與對方變得更加親密的心理。

但是……

你也可能遇到同樣為了獲取情報，企圖把「這件事我只在這裡說」這個技巧反過來用在你身上的人。注意不要著了對方的道而失言！

口頭禪是「所以我說」的人

所以我說，
這樣會更好～

以心理學的觀點而言……

我行我素，任性而為

常說這句話的人，大多作風強勢，想要取得談話主導權的類型。基本上屬於我行我素，個性任性的人，建議與他們相處時，最好保持適當的距離。

口頭禪是「真沒想到」的人

真沒想到
會很順利呢

以心理學的觀點而言……

對非正規事物感到有趣

對非正規的事物會覺得有趣的類型。個性穩健，較踏實地的人，與他們相處可能會覺得有壓力。不過，這類型的人屬於較不會受到既定觀念束縛的點子王。如果能與之融洽相處，自然是再好不過。

STAGE 8

做出這種行動的人，其實是很難纏的對手嗎？

不否定意見的人＝不是贊成的人

不會立刻出言否定對方意見的人，看似謙虛不自滿，其實是征服難度最高的類型。這類型的人，不論聽到什麼意見，通常都會應聲附和，例如「原來如此啊」「說得也是」。但是只要等到對方說完，就開始滔滔不絕地表達自己的想法，企圖讓對方改弦易轍。再加上這類型的韌性很強，即使對方提出的意見再荒誕不經，他們也能面不改色的聽到底。但是頑固的程度也非同小可，只要心中已有定見，他們就會使出強大的「磨功」，想盡辦法讓眾人接受自己的意見。因此，如果你發現自己的意見與這個類型的人產生分歧，建議先做好不容易翻案的心理準備。

另外，握手是洽商時的基本禮儀。如果和對方握手時你感受不到他的熱誠，表示他私下沒有和你深交的打算。這類型的人與人交往習慣保持一定的距離，所以你最好也和他保持適度距離。

說到距離感，要加深彼此信賴的第一步就是以名字互稱。不過，有些人在職場上即使已經和對方共事了一段時間，還是保持生疏有禮的態度，依舊開口閉口就是不好意思，或者還是以「貴公司」稱呼對方的公司。雖然口頭上很有禮貌，其實這類型的人對對方的尊重微乎其微。或許有些可惜，但想和這類型的人拉近彼此距離，難度實在很高。

從行為可以了解對方的性格特質

■對對方的話幾乎全面贊同的人……

看似謙虛，其實是最難纏的對手！

會聽完對方的意見，再冷靜做出判斷的類型。個性頑固，一旦做出決定，就會發揮極大的耐性，直到說服別人接受自己的意見。

■握手時，感覺不到對方熱誠的人……

沒有私下與你建立交情的打算

屬於在人際關係上，總是和人保持一定距離的類型。另外也可能是性格害羞的人。和這類型的人往來時，你最好也保持適當的距離以免出錯。

■總是以「不好意思」當作發語詞，而不是以名字稱呼對方的人……

個人尊重對方的心情微乎其微

開口閉口就是不好意思，或者總是以「貴公司」稱呼對方公司的人，對對方的尊重之心很低。想要與他親近的難度很高。

STAGE 9

此項行為的背後隱藏著這樣的心理！

想要逃避眼前現實的表徵

大考迫在眉梢，但準備的進度卻不盡人意。奇怪的是，明明是為了臨時抱佛腳，即使熬夜也在所不惜的情況，有些人卻放下手邊的書，開始整理房間或書桌。

上述看在別人眼中有幾分羨慕的行為，在心理學上稱為「自我設限」。如字面上的意思，所謂的自我設限，就是自己替自己設下阻礙，是一種自己對考試的恐懼與不安的表現。簡單來說，就是事先準備好替自己圓場的題材，以防遇到不順時，讓自己受到打擊或陷入失落的自我保護意識。為了避免淪入這種狀況，平時的努力很重要。只要做好充足的準備，一來能夠消除不安的情緒，也能以從容不迫的心情參加考試。

另外，當人違背自己的本意，陷入自我欺騙的狀態，或者打算採取何種行動時，這種自我妨礙的心理也會下意識的作祟，使人做出異常的行為。這種現象在心理學上稱為「動作倒錯」。如果有人一再重複同樣的失誤，很可能是陷入這種情況……。如果發現自己出現這種情形，建議你最好重新檢視自己的內心，確認自己想要的是什麼。

自我設限與動作倒錯

■明明有應該要做的事情，反而去做其他事的心理是什麼？

明天就是大考了，
卻突然開始整理
書桌
這樣應該就
沒問題了……

以心理學的觀點而言……

這就是自我設限

表現出對即將來臨的大考的恐懼與缺乏自信。等於是事先準備好替自己圓場的題材，以防遇到不順時，讓自己受到打擊或陷入失落。

■一再犯下同樣失誤的心理是什麼？

很抱歉……
心裡根本不想做
你又犯下
同樣的錯誤了！

以心理學的觀點而言……

這是動作倒錯

口誤和聽錯話，其實表露出連本人都沒有察覺的內心真意。常犯同樣失誤的可能原因有兩個。其一是本人的內心飽受壓抑，每天都糾結不已。另一種可能是違背自己的本意，陷入自我欺騙的狀態。

STAGE 10

以小動作掌握放鬆和緊張的程度

以小動作掌握放鬆和緊張的程度

當人們拿到收據或便條紙，有些人會隨意一瞥便揉成一團丟棄。雖然此舉看似稀鬆平常，殊不知做出舉動的人，正處於承受巨大壓力的狀態。就心理學的觀點而言，把紙揉成一團，是一種人為了紓壓，下意識做出的自然行為。

另外，坐在椅子上時，不斷改變翹腳姿勢的人，可能正承受沉重的壓力。左右腳不斷上下交叉的人，展現出想藉由這個動作，給予內心刺激，達到振奮精神的心理。這個動作只有一個目的，就是讓自己恢復精神。換言之，這樣的人可能累積了很多壓力，沉重到必須常常想辦法讓自己打起精神。如果各位發現有朋友等認識的人做出這樣的行為，或許你可以用不著痕跡的方式問他，聆聽他的傾訴。

此外，抽完菸用力地把煙蒂擰熄在菸灰缸裡、明明正事已經講完，卻遲遲不掛電話等，也是出於下意識的紓壓行為。如果發覺自己也曾出現過上述行為，建議你不妨重新檢視自己的內心，找出壓力的根源吧。

掌握放鬆和緊張程度的小動作

處於放鬆狀態

▼經常出現的動作▼

雙手往兩旁垂下，
或者交叉放在身後

脖子往一邊歪

雙腳微開

坐下時坐滿整張椅面

感到有壓力的狀態

▼經常出現的動作▼

把傳單等廢紙
揉成一團再丟掉

一再變換翹腳的姿勢

用力地把煙蒂擰熄
在菸灰缸裡

講電話的時間超出必要

以上都是人出於
下意識，想要藉此消除壓力的行為！

STAGE 11

不要錯過對方向你表示好感的信號

和你一樣的動作就是對方向你表達好感的信號

當你和心儀的異性兩人獨處時，可以利用一種在心理學上名為「鏡射」的技巧，有效判斷對方對你是否懷有好感。

這個方法在心理學上又稱為「同調」。簡單來說，一個人的行為潛意識會模仿自己心儀的對象，例如看到對方笑也跟著笑、看到對方在喝飲料，自己也跟著拿起杯子、看到對方深深地靠在椅背上，自己也跟著把屁股往後挪。

「鏡射」發生的時機多為你和對方因找到共通的話題而聊得更加投機、興致高昂的時候。所以，如果你發現你們兩人交談時，對方竟然和你做出一樣的動作，這就表示他發自內心覺得和你聊得很愉快。也可以將之解讀為你們對彼此都懷有好感。

除此之外，你也可以從瞳孔確認對方是否釋出對你懷有好感的信號。一般而言，當人看到自己喜歡或感興趣的事物，瞳孔會放大。因此，雙方交談時如果眼神常常對視，而且對方的瞳孔也呈現放大的狀態，就表示他對你有意思。如果你笑了，對方也跟著笑了，表示對方明顯對你懷有好感，說不定你也可以出動出擊，向他提出邀約。

從鏡射可看出對方是否傳送對你懷有好感的信號！

▼CHECK▼

像鸚鵡學舌一樣學自己講話，
例如「很有趣呦」
「是很有趣呢」「很開心呢」
「是很開心呢」。

▼CHECK▼

對話時雙方經常四目相接

▼CHECK▼

當自己露出笑容，
對方也微笑以對

▼CHECK▼

看到自己做什麼，
對方也跟著做。
像是看到自己伸手去拿飲料，
對方也跟著去拿；看到自己摸
頭髮，對方也跟著摸等

下意識地模仿對方舉止的行為稱為鏡射，常見於雙方因找到共通的話題而相談甚歡時。

STAGE 12

透過行動了解的人格特質

個人的性格也表露在日常的行動

準時赴約可說是身為社會人士的最基本原則。不過，有些過度擔心自己遲到的人，甚至會提早15分鐘以上抵達赴約地點。

這種類型看似屬於喜歡預留一點時間，讓自己從容不迫的謹慎型，但實際的個性剛好相反，幾乎都是個性散漫，不擅管理時間的人。因為也很清楚自己缺乏時間觀念的毛病，所以遇到「遲到就死定了」的場合，才會特地提早到。

能夠認清自己的缺點，願意努力當個守時的人的態度固然可取，但這類型的人很難把時間管控得剛剛好，絕大多數都不擅長擬定計畫，然後按部就班去做。所以不單是相約時間見面，若是在工作場合中有共事的機會，也是特別需要注意的對象。

除此之外，習慣把零錢放進褲子口袋，走路時叮噹作響的人，表示這個人不在乎小錢。這類型的人不喜歡腳踏實地，比較想要一步登天。至於結帳時，連一元銅板都會一個個掏出來付帳的人，大多是個性穩健，對小細節也一絲不苟的人。屬於一定會把事情做好，不會虎頭蛇尾的人，所以是值得委託重要工作的人選。

從日常的行動了解對方的個性

■較約定時間提早15分鐘以上抵達的人……

不擅長時間管理，
缺乏時間觀念的人

其實不僅遲到，提早太多時間赴約也是不擅長時間管理的證據。這類型的人看似慎重，其實大多不懂得有效運用時間。相處時要特別注意。

■習慣把零錢直接放進口袋的人……

不喜歡腳踏實地，
希望一步登天

傾向於對靠著腳踏實地的努力以獲得成功的作風嗤之以鼻。即使獲得成功，大多也只是一時，最後還是告吹。

■結帳時每次都會掏出銅板付帳的人……

個性穩健，對小細節
也一絲不苟的類型

這類型的人大多連皮夾也整理得井然有序，做事有條有理。把工作拖到最後一刻的事不會出現在他們身上，而且通常會把事情做到最好，不會虎頭蛇尾。

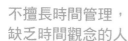

STAGE 13

從愛用品所表露的人格特質

趕流行的人愛用肩背包

人的性格不僅表露在行為舉止，從日常愛用的物品也能一窺端倪。舉例而言，公事包是每個商務人士隨身必備之物。但每個人喜愛的款式不盡相同。習慣用肩背包的人，大部分屬於好奇心強，而且工作之餘，也熱中於興趣或嗜好，具備以自由為核心的價值觀。

但是要特別注意的是，這類型的人也是不切實際的浪漫主義者，而且不堪一擊。一旦生活平衡被打破，很容易沉溺在興趣或嗜好裡，做出逃避現實的選擇。

相對地，不論是髮型和服裝都趕在流行前端，喜歡大膽嘗鮮的人，屬於對生活大小事都很敏銳，喜歡不斷接收新知的類型。

乍看之下，這種類型看似對服裝造型抱有自我風格，但跟風的行為背面隱藏著「不喜歡只有自己趕不上流行」「希望自己的品味受到大眾認同」的心理。換言之，這類型的人對自己未經修飾的模樣缺乏自信，希望藉由追逐流行以獲得安全感。

他們的個性認真嚴肅，不會輕易踏出體制之外，相對地，性格中也缺乏冒險精神和積極性，讓人覺得有些乏味。

從愛用品解讀一個人的性格

■喜歡用肩背包的人

重視自己專屬時間的浪漫主義者

▼正面的特質▼

好奇心旺盛

很重視休閒嗜好等專屬自己的時間

能夠在工作與私生活
取得良好的平衡

▼負面的特質▼

不堪一擊的浪漫主義者

感覺生活失衡了
有可能會一頭栽進自己的興趣，
藉以逃避現實

■總是走在時尚前端的人

缺乏自信的正經八百型

▼正面的特質▼

對生活大小事都很敏銳

個性認真嚴肅，
不會輕易踏出體制之外

▼負面的特質▼

對自己未經修飾的模樣缺乏自信，
希望藉由追逐流行以獲得安全感。

缺乏冒險精神和積極性

STAGE 14

選擇的座位反映出一個人的性格與情緒

選擇坐在多人座位的正中間位置的人……

當一個人來到一節車廂，座位比鄰成一長排，且空位很多，此時，從他選擇的座位，可以在某種程度上掌握其性格。舉例而言，選擇坐在靠近車廂門、最邊緣的位子的人，屬於一向與他人保持一定距離的類型。這類型以個性勤勉認真又內向的人居多，所以遇到才認識就想和自己裝熟的人會表現出戒心。建議一開始最好保持適當的距離，多花點時間以培養出交情。

另外，選擇坐在成排座位正中央的人，則不是很在意與他人之間是否保持距離感。這類型大多是不拘小節、個性開朗的人，即使面對初次見面的對象，也很快能與對方打成一片。但是，這個類型也傾向於會毫不在意地入侵別人的個人空間，有時會讓人覺得少根筋。如果覺得和這類型的人往來很麻煩，最明智的做法就是不要深交。

遇到參加演講活動或派對等可以自由選擇座位的場合，有些人特別偏好離出口近的位子。選擇這個位子的人，表露出「這裡是我該來的地方嗎」「我會不會和這種場合格格不入」的不安。他們潛意識表現出「事先要有準備，以便苗頭不對的時候迅速開溜」的心理。換句話説，即使效果有限，但只要坐在離出口近的位置，就能稍微消除他們的不安。

從座位掌握對方的個性與心理

■選擇坐在多人座位的正中間

坐在一整排座椅的最邊緣的人，希望和他人保持一定的距離。換句話說，這類型的人希望能保有充足的個人空間。

即使旁邊還有很多空位，卻選擇坐在正中央的人，並不在意與他人之間是否保持距離感。即使是私底下，也可能毫無顧忌入侵別人的個人空間。

■在演講活動和派對等場合坐在離出口近的位置

表露出「這裡是我該來的地方嗎」「我會不會和這種場合格格不入」的不安

潛意識表現出「事先要有準備，以便苗頭不對的時候迅速開溜」的心理，因此坐在距離出口近的位置

STAGE 15

從坐著的小動作了解對方的心理狀態

態度積極時與處於警戒狀態時的差異

如果你想知道正襟危坐著與自己交談的對象，其內心的真實想法，不妨看看對方的手。舉例而言，假設你看到對方把手放在桌上，雙手握拳往前伸，代表他很投入現在的對話。如果是洽談業務之類的場合，表示順利簽約的機會應該不小。

相反地，如果你發現對方的雙手交叉，或者兩手抓著手肘，表示他對你帶著戒心。這時，你的當務之急是想辦法消除對方的不安。

另外，如果對方把桌上的杯子或毛巾等雜物放到一旁，表示他已經準備好敞開心胸和你詳談；相反地，如果他沒有清理雜物，表示仍存有警戒之意。

除此之外，除了手，桌底下腳的動作，也透露出不少掌握對方內心狀態的線索。例如對方坐在你正對面時，如果雙腳踩在地上，膝頭正對你這邊，表示他很投入談話。如果雙腳，或單隻腳踩在地上，但膝頭沒有面向你這邊，表示對方想趕快結束談話。此外，如果對方的腳尖踏地，但腳跟離地，表示他是個個性活潑開朗的人。

從坐著的小動作了解對方的心理狀態

積極投入談話

雙手握拳往前伸

表現出戒心

雙手交叉

打算敞開心胸詳談

移開桌上的雜物

帶有警戒之意

雙手抱著手肘

對談話顯得積極

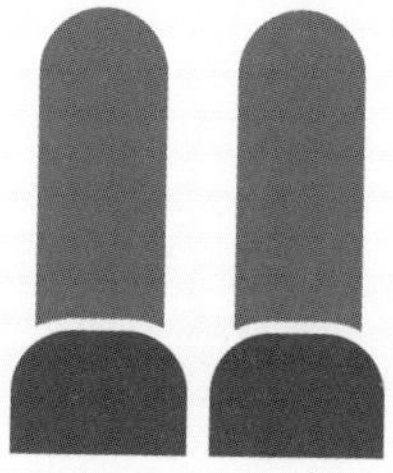

雙腳踩在地上，膝頭朝向正前方

想結束談話

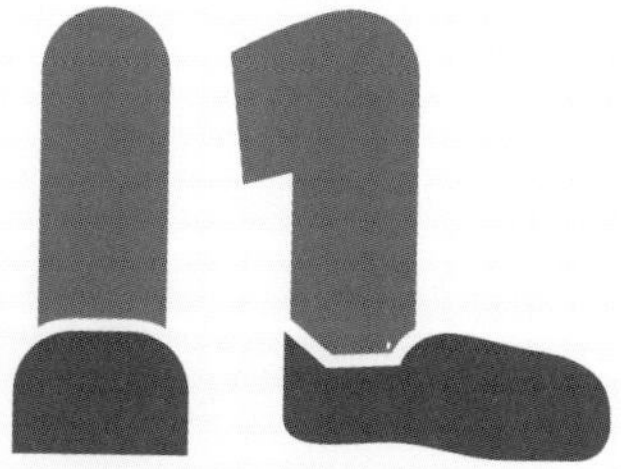

雙腳或單隻腳踩在地上，但膝頭不是朝著正前方

STAGE 16

從會議的座位位置掌握團隊負責人的類型

從座位的選擇，理解對方的個性與彼此間的親密程度

參加可以自由入座的會議等場合，從對方和自己的位置關係，可以看出兩人交情的深淺。舉例而言，如果對方和自己坐在同桌角的各一側，那麼可以推測對方對你沒有敵對意識。理由是雙方的距離很近，近到攤開文件時有可能不小心碰觸到對方，但對方對此並未產生反感，所以想見他對你懷有很深的親密感。

另外，如果是雙方面對面坐在桌子的兩側，表示對方並沒有把你視為親密的伙伴。因此，他在會議中有可能提出對你具有敵意的意見。面對面就座所表現出的是敵對的心理狀態。

此外，一個團隊的負責人通常會坐在正中央的座位；如果是長方形的桌子，可以從他選擇坐在長邊或短邊的中央，了解他的領導風格。選擇短邊的負責人，傾向於以自己的意見來主導會議。如果這場會議需要有人果斷做出一個明確的結論，相信這個類型的人會很稱職。

相對地，選擇長邊的負責人，重視的是與會者之間的意見交流。這個位置的特點是便於確認每個人的反應，所以希望與會者儘量發言的負責人，會把這個位置視為最佳座位。

從會議的就座位置可以了解的事

■座位的位置關係表現出熟稔度的差異

雙方坐在同桌角的各一側

覺得對方與自己很親近

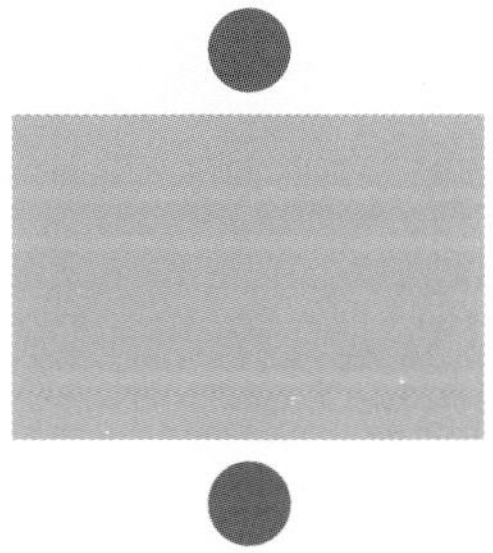

隔著桌子面對面就座

不把對方視為自己親近的人

■負責人就座的位置與性格類型

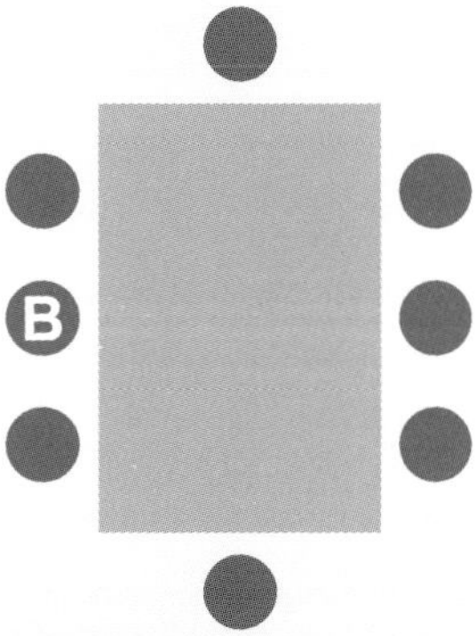

坐在Ⓐ位置的負責人……習慣以自己的意見主導會議進行的類型
坐在Ⓑ位置的負責人……重視與會者的意見交流的類型

STAGE 17

掌握4大類型的領袖風格，讓你看穿誰是討人厭主管

研究自己的主管，學會高明的應對方法

相信很多人都遇過這種情形：工作時明明已經忙得不可開交，卻又收到主管的奪命連環催：「這份資料一定要在明天之前整理好交給我」。如果敢一口回絕主管的要求，不知該有多麼輕鬆，但是只要一想到惹火主管，難保自己不會被列入黑名單……就算再不情願，也只能強顏歡笑，熬夜趕工。

當然，如果努力獲得了主管的肯定，那麼你的辛苦也就值得了，但主管卻表現出一副理所當然的態度，連一句「辛苦了」都沒說，甚至有時候還把你推出去當作出包時的替死鬼。

遇到這種不近情理的主管時，若想全身而退，訣竅在於要多準備幾種表達「YES」和「NO」的說詞。只要事先記牢遇到各種情境的應對模式，就能減少工作時遇到的阻力，而且也可能巧妙迴避主管交辦的急件，卻又不會惹他生氣。

不僅如此，研究自己的主管屬於那一種類型的領導人，也是提升自己評價的重點之一。以下為各位介紹一種研究領導行為模式的理論，名為「PM理論」。請各位參考PM理論，確認自己的主管屬於哪一個類型，就能獲得解讀對方思考脈絡的線索。相信這樣的線索，能夠發揮參考價值，幫你找到與主管相處的最佳模式。

PM理論所劃分的4種領袖類型

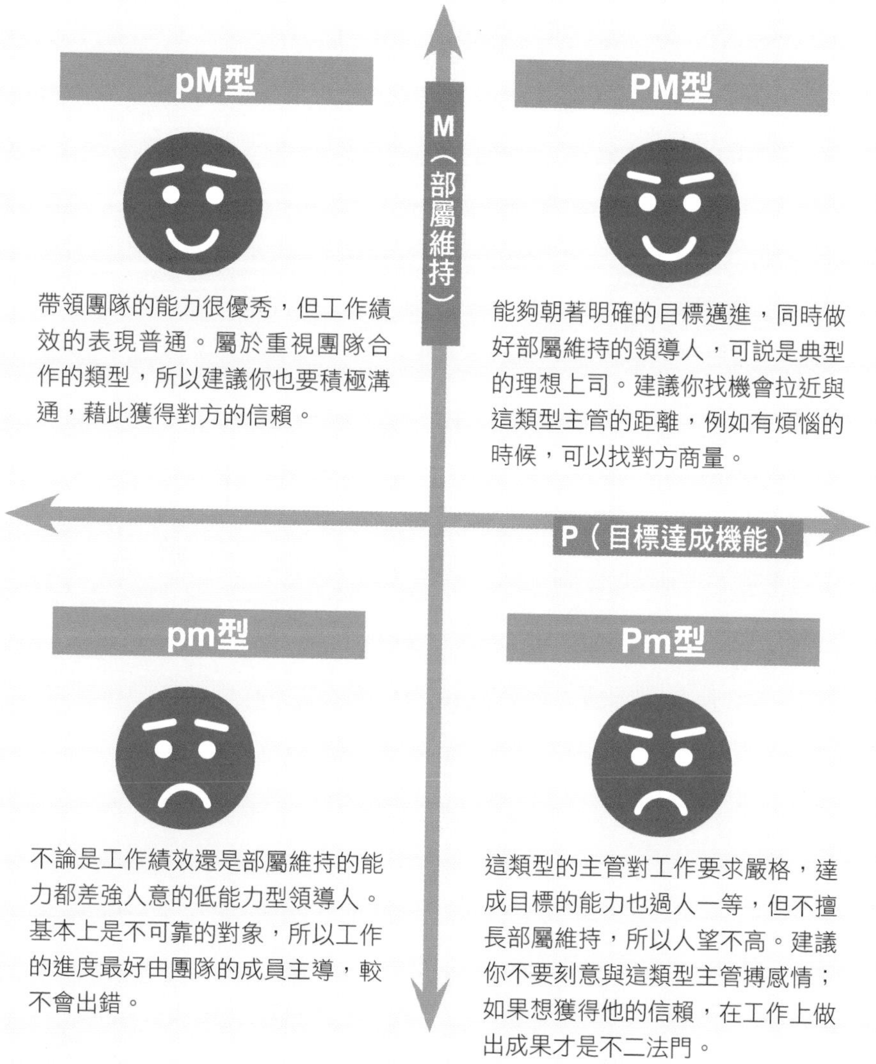
M（部屬維持）
P（目標達成機能）
pM型
帶領團隊的能力很優秀，但工作績效的表現普通。屬於重視團隊合作的類型，所以建議你也要積極溝通，藉此獲得對方的信賴。
PM型
能夠朝著明確的目標邁進，同時做好部屬維持的領導人，可說是典型的理想上司。建議你找機會拉近與這類型主管的距離，例如有煩惱的時候，可以找對方商量。
pm型
不論是工作績效還是部屬維持的能力都差強人意的低能力型領導人。基本上是不可靠的對象，所以工作的進度最好由團隊的成員主導，較不會出錯。
Pm型
這類型的主管對工作要求嚴格，達成目標的能力也過人一等，但不擅長部屬維持，所以人望不高。建議你不要刻意與這類型主管搏感情；如果想獲得他的信賴，在工作上做出成果才是不二法門。

P軸　Performance function（創造工作績效的能力）＝重視目標的達成

M軸　Maintenance function（部屬維持機能）＝重視團隊的帶領

陷入沒有幹勁的窘況時該怎麼辦

光是在心中默念「我非做不可」無法激發出幹勁

相信每個人都有過這樣的經驗：明明還有工作上所需的資料或家事等著自己去做，不料卻陷入「我知道該動工了，但就是提不起勁……」的狀態。很多人會在心裡不斷告訴自己「我得趕快開始做正經事」，卻還是忍不住打開電視，或者滑起手機，瀏覽社群網站。等到自己終於驚覺不能再繼續這樣，已經是好幾個小時以後的事。我想，有過這種慘痛經驗的人應該不在少數吧。

那麼，該怎麼做才能有效提升幹勁呢？事實上，位於腦部的一個名為「側隔核」的神經區塊，和幹勁的產生有關。簡單來說，目前已經得知只要刺激這個部位，就會激發出幹勁。因此，不論形式為何，有無實際採取行動很重要。建議各位一定要做些什麼，即使無心工作，也要打開有關工作的檔案，或者翻翻寫報告會用到的參考書等。因為這些行為都會刺激側隔核，化為激發出幹勁的動力。總之，光是在心中默念「我得動工了」對幹勁的產生毫無幫助。只有付諸行動，才能逐漸激發出幹勁。

事實上，一定要做點什麼事才會產生幹勁

第2章

如何提升好感度的心理學技巧

STAGE 1

若想得到對方的青睞，首先自己要主動表現出對他的好感

利用「自我揭露的回報性」來抓住對方的心

或許是值得敬重的主管，也或許是同一單位的女同事，想必各位在日常生活中都曾遇過「真希望和他培養出好交情」的對象吧。但是，光是心動無法讓對方主動喜歡上你。首先，你必須勇敢跨出第一步，向對方傳達「我喜歡你」的訊息。如果對方是主管，你不妨開口問他「有事情想找您商量」。如果對方是自己心儀的女性，開口前最要好好思索，讓一句簡單的問候，也能發揮傳遞心意的效果。只要持之以恆，就有機會讓對方對你產生好感，這種現象在心理學上稱為「好感的互惠性」。

這種方法利用的是每個人與生俱來的「尊重需求」；簡單來說，當你替對方做了些什麼，對方也會給予同等甚至更多的好處當作回報。同理可證，只要你不斷向對方傳遞「我對你有好感」的訊息，滿足他的尊重需求，終究也會讓他在不知不覺之間對你產生好感。

好感的傳達方式不一而足，找機會與對方的眼神對視、敞開心門向對方傾訴、送禮物等都可以。另外，替對方在社群媒體上的發文按讚或留言，也是不錯的方法。

何謂好感的互惠性

■如果希望對方喜歡上自己，首先要以具體行動對他示好

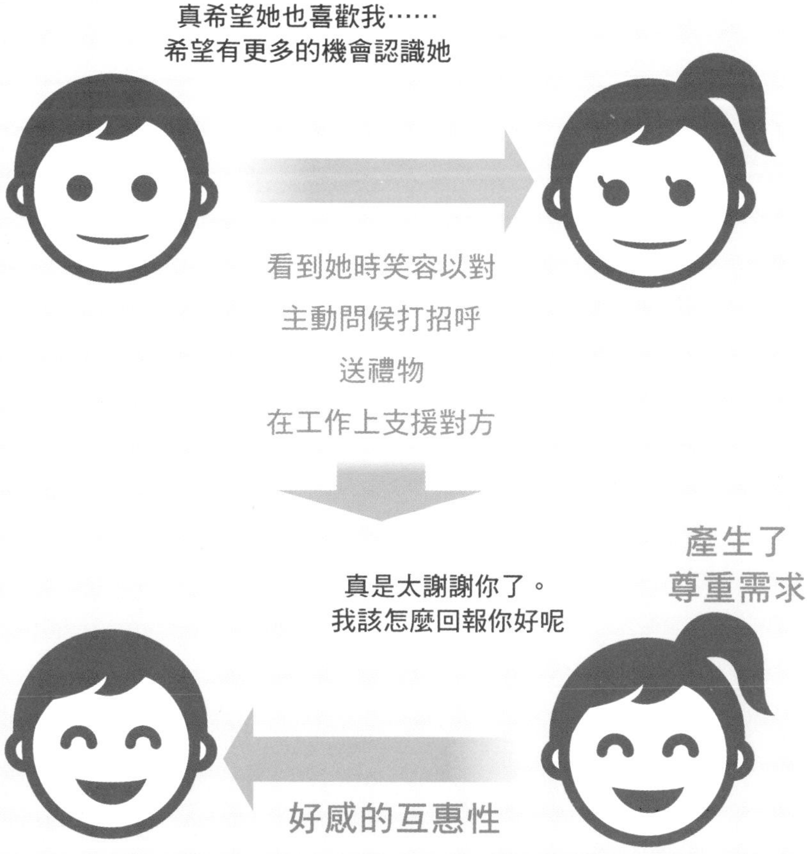
真希望她也喜歡我……
希望有更多的機會認識她
看到她時笑容以對
主動問候打招呼
送禮物
在工作上支援對方
產生了
尊重需求
真是太謝謝你了。
我該怎麼回報你好呢
好感的互惠性

當你替對方做了些什麼，對方也會想要
給予同等甚至更多的好處當作回報

■向對方示好的其他方法

・不時傳送簡訊和電子郵件

・找機會增加與對方的眼神交會的次數

STAGE 2

只有說好話讚美對方還不夠！俊男美女也需要聽到別人讚美他們有內涵

高明的讚美是人際關係的潤滑劑

若想與他人之間維持良好的溝通，有效的方法之一是讚美對方。畢竟好話人人都喜歡聽，所以多加讚美自己想親近的對象，當然有益無害。但是，一味地讚美聽起來缺乏誠意，只會帶來反效果，所以掌握讚美的訣竅，確實討得對方歡心很重要。

首先要注意的第一點是，請不要錦上添花。簡單來說，就是不要讚美對方已經很習慣被肯定的地方。舉例而言，老早被大家公認的俊男美女，即使聽到別人對他說「你長得好漂亮喔」「你長得真的好帥呢」，應該也無動於衷。與其讚美外貌，不如稱讚他們的內在，更能打動人心。像是「你很細心，連小細節都會注意耶」「有你在就讓人放心」等，都是非常討人歡心的讚美之詞。

另一項絕招是把對方感到自卑的缺點，從負面美化為正面。例如假設對方屬於「斤斤計較」的個性，就稱讚他「心思細膩，做事很仔細」；如果是「粗枝大葉」的個性，就說他「不拘小節」；如果個性「聒噪多話」，就讚美她是「社交女王」。總之，想辦法把對方身上乍看是缺點的地方當作優點稱讚，想必對方也會因為覺得「這個人真的很了解我啊」而感到喜悅吧。

讚美也要講究技巧

■如果對方擁有出眾的外貌，稱讚他的內在，比較有效果

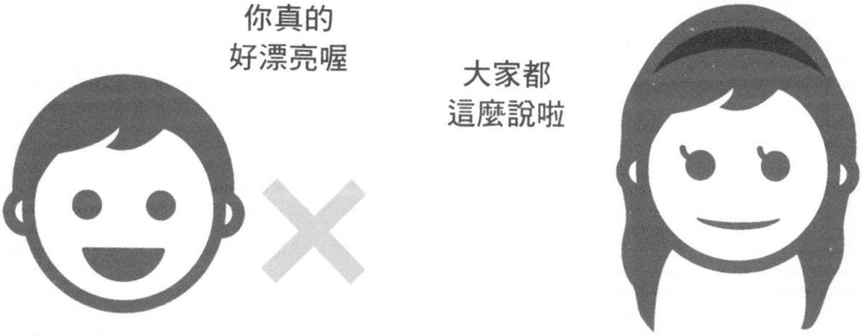

你真的
好漂亮喔
大家都
這麼說啦

你的個性
好溫柔呢
好高興有
人注意我
的內涵！

▼把對方感到自卑的地方美化成優點，加以讚美▼

自卑處	優點
· 口才不佳	· 誠懇老實
· 八面玲瓏	· 社交能力強
· 個性不知變通	· 認真踏實
· 太胖	· 讓人有安全感
· 見人說人話，見鬼說鬼話	· 聰明伶俐反應快
· 神經質	· 注意力很集中

STAGE 3

不論遇到哪一類型的主管都吃得開的技巧

只要徹底執行「報告、聯絡、商量」，你也可以成為主管跟前的大紅人

放眼任何一間公司，總有一些人就是特別有主管緣，備受賞識。即使犯了錯也有人替他善後，而且總是比別人得到更多關愛的眼光，以及更多的指導，同時占盡一切好處。如果你希望這種好事也發生在自己身上，第一件要做的事就是把一切功勞歸於主管。舉例而言，假設你在工作上繳出了漂亮的成績單而備受好評，這時你要說「這一切多虧部長的指導」，強調主管才是立下汗馬功勞的人。光是表現出謙遜的態度，搖著頭說「不敢當，我還有很多不足的地方」還不夠。請注意謙遜和謙虛是不一樣的。

另外，即使你和主管就是個性不合，或者無法苟同對方的言行，實在沒辦法打從心底尊敬他，也絕對不要表露出反抗的態度。即使心裡想的是「你說你的，我做我的」也無妨，但表面上，你一定要徹底當個聽話的下屬。因此，請你要隨時提醒自己要做到「報告、聯絡、商量」，與主管之間保持暢通無阻的溝通管道。

格外重要的一點是要勤於向主管尋求意見，即使一點小事也要找他商量。這個作法也是為了避免讓自己陷入一旦問題發生，主管卻一副事不關己地說「我根本不知道有這件事」的困境。

如何成為主管的心腹

■受到稱讚時，一定要把功勞歸於主管

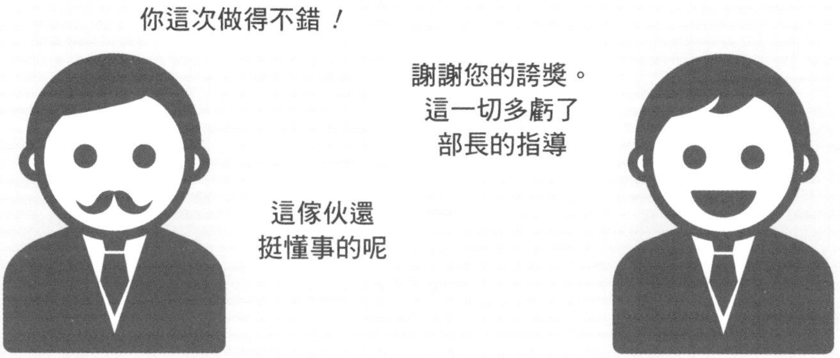
你這次做得不錯！
謝謝您的誇獎。
這一切多虧了
部長的指導
這傢伙還
挺懂事的呢

▼徹底執行「報告、聯絡、商量」▼

報告 …「今天用單價〇〇元接了這筆訂單」
聯絡 …「這是目前最新的情況」
聯絡 …「這是我目前遇到的問題，請問該怎麼處理呢？」

▼這三項又以「商量」格外重要▼

・「可以請您給我一點建議嗎」
・「請問我該如何進行呢」
・「您覺得我這麼做可以嗎」

如果事前沒有商量，最後失敗了

我完全沒聽
說有這回事！
完全是你
自作主張！

STAGE 4

使用能夠撩撥對方自尊心的關鍵字

舉出具體的事例，告訴對方「你就是Number one」

每個人生來都有尊重需求，就像「我希望自己是與眾不同的存在」「希望自己得到他人的認同」。因此，當我們聽到別人對自己說「你這個人很特別」，尊重需求就會獲得滿足，產生幸福的感覺。

不論面對商務往來對象還是自己心儀的異性，若想成功拉近與他們的距離，最好的捷徑就是挑動他們的自尊。而效果絕佳的關鍵字是「你是最好的」。

相信大家聽到「你是最好的」這句話都會很高興。當然，這裡的「你是最好的」並不是竭盡所能吹捧對方的意思。

讚美對方「你是最好的」的重點在於，要具體說明對方的哪一個部分最好。例如「說到跑業務的實力，你絕對是最好的」「你做的料理最好吃了」。同時也要說出比較的範圍，像是「全公司」「目前我吃過的料理中」。以這種方式稱讚對方時，若是能趁勢縮短你們之間的距離，或者和對方眼神接觸就更完美了。相信你說的話會在對方心中留下深刻的印象，而且有助於建立更圓滿、深入的關係。

如何讓你的話在對方的內心留下深刻的印象

■「你是最好的」所帶來的魔力

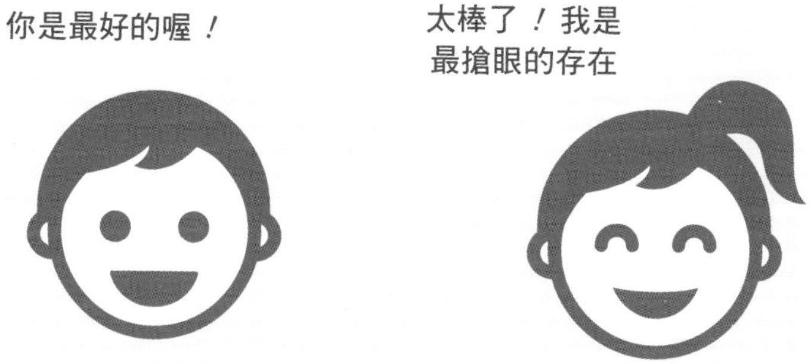

▼為了讓這句話發揮效果▼

- 要有具體的說明，例如「你的品味」或「細心體貼的程度」等
- 最好再補充比較的對象或範圍，像是「目前我認識的人當中」和「全公司」等

▼對方會覺得開心的理由▼

- 感覺到對方把自己當作特別的存在，讓自己的尊重需求獲得滿足
- 自己的能力受到認可，感到自豪

■為了讓這句話發揮更大的效果

縮短身體之間的距離交談

向對方表達「你是最好的」的時候縮短身體之間的距離，會讓對方對你留下更深刻的印象

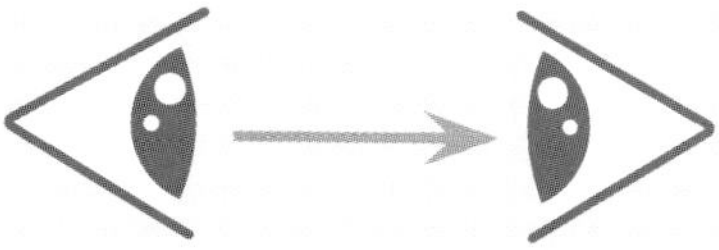

直視對方的眼睛說話

看著對方的眼睛告訴他，更能打動人心

STAGE 5

迅速解決客訴的方法

以沉穩的語調向客戶道歉，藉此平息他的憤怒

在眾多工作項目之中，客訴處理尤其被視為棘手的業務。當然，能夠不要遇到客訴是再理想不過的事，但只要處理得當，相信你在公司內部的評價也會跟著加分。

假設你真的接到客戶投訴，建議你火速上報主管。一收到壞消息就先壓住，遲遲不敢向主管報告是人之常情，但是你要告訴自己千萬別這麼做，而是馬上報告主管，立刻著手解決問題。當你登門向客戶道歉時，如果主管也願意列席，相信對方也會稍微改觀，心想「原來他們還是挺重視我的想法」。

當你見到客戶之後，首先要誠摯地表示歉意，再仔細聆聽對方的抱怨，直到他的情緒平穩下來。記得不要為了辯解而打斷對方的話，只需偶爾出聲附和。接著，等到你發言的時候，要表現出嚴肅認真的態度。保持低沉穩重的語調也很重要。講話時，下意識地會想要配合對方的語調是人普遍都有的心理。所以只要你以平穩的語調說話，可能也會讓對方早點消氣吧。

總而言之，解決客訴的基本原則是速戰速決。所以，請各位妥善解決客訴，並從中汲取經驗，讓它化為未來在工作上的養分吧。

向客戶賠罪也有必須掌握的重點

▼一旦客訴發生▼

- 避免歹戲拖棚
- 立刻向客戶賠罪，速戰速決
- 以慎重、謹慎的態度處理

▼與客戶應對時▼

- 首先誠摯地向客戶致上歉意
- 傾聽客戶的抱怨（不要為了找藉口而打斷對方）
- 適度地附和對方

▼當輪到你說明時▼

- 低沉穩重的語調說明（對方也會不自覺地配合你的語調）
- 以嚴肅認真的表情和語氣進行說明

▼面對公司內部時▼

- 在第一時間向主管報告有關客戶投訴的資訊
- 向客戶賠罪時，請主管同行

STAGE 6

提高交涉成功機率的技巧

為了爭取訂單，一定要多和客戶見幾次面

如果你希望訂單源源不絕，繳出亮眼的業績，那麼最重要的是必須與客戶建立真正的信賴關係。為了達到這一點，建議各位要儘量增加拜訪客戶的次數。

正如俗諺「見面三分情」所言，隨著見面次數的增加，和對方的熟稔度也不斷加深，是人普遍都有的心理，這種心理在心理學上稱為「多看效應」。重點在於見面的次數比每次見面的時間長短更重要。具體來說，和一個月拜訪客戶一次，每次交談約1小時的業務員相比，每週拜訪客戶1次，1次約談話15分鐘的業務員，更能有效拉近與客戶的距離。

當然，拜訪客戶的頻率，要以不造成對方困擾為前提。但如果對方是你想積極爭取訂單的客戶，你應該儘量找機會和對方見面。如果利用見面的時候，向客戶提供有關新產品的訊息和對方所需的資料，相信他一定更樂意與你見面。

另外，一再聽到同樣的事，就會在聽話者心裡留下深刻印象。若能善用這一點，你就可以在每次拜訪客戶的時候，以不著痕跡的方式推銷自家產品的優點了。

多看效應

■ 見面的次數愈多對自己愈有利

與其每個月見一次面，一次聊1個小時……

比起來……

每週1次 每次見面15分鐘的效果更好

・與客戶頻繁見面，雙方的交情也隨之加深
・如果提供有關新產品的訊息和對方所需的資料，對自己有加分的效果

STAGE 7

做到西瓜偎大邊的方法

巧妙迴避主管無理的要求，由自己掌握主導權

選擇成為受薪階級的人，基本上無法選擇共事的主管。如果遇到個性合得來，人品又值得尊敬的主管，當然再幸運不過，但也可能遇到個性百般挑剔、難以相處的主管。值得注意的是，如果你剛好遇到這樣的主管，卻一味怨天尤人「我的運氣真差啊」，那可就錯失寶貴的機會了。其實，只要掌握箇中訣竅，也能把這樣的主管收得服服貼貼，讓自己在工作上如魚得水。

為了達到這一點，關鍵在於你必須充分照顧到主管的自尊。具體而言，即使主管的指示根本強人所難，你也要順從地回答「是的，我知道了」。過了一段時間以後，你再向主管報告你已經按照他的指示行動，但進行得並不順利。總之，請保持不慍不火的態度，試著讓他理解。只要最後你能說服主管，讓他放棄原有的指示，就不必擔心自己會遭殃了。

另外，當主管犯錯時，你該做的絕對不是直接指出他的過失，而是和同事協調，一起為主管善後，以維護主管的面子。

簡單來說，最聰明的作法是面對主管時，不要抱著「我得聽他的」的想法，而是「主導權操之在我」的心態，這樣就能順利搞定主管了。

與主管過招一定贏的重點

■阻止主管無理要求的妙招

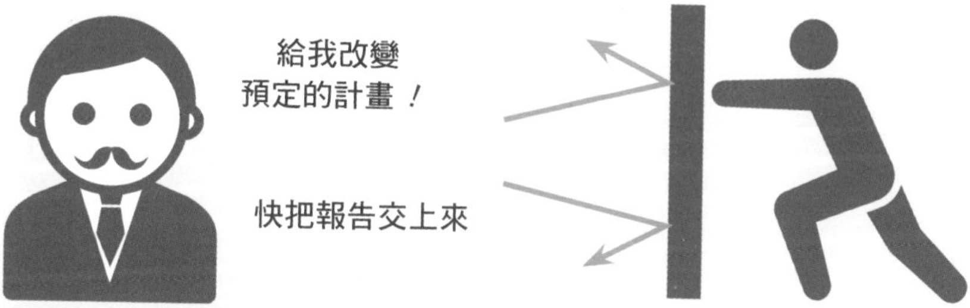
給我改變
預定的計畫！
快把報告交上來

為了順利阻止任性的主管

- 平常就很用心經營溝通管道，所以深受主管信任
- 首先答應主管的要求，再說明行不通的原因，讓他信服

■操控主管於無形

我說的話他都聽呢

事實上言聽計從的人是主管

- 盡可能聽從主管的指示
- 以不著痕跡的方式幫主管收拾爛攤子
- 也需要其他同事的協助

STAGE 8

如何打造順利討論的環境

在會議室的大小與會議桌的形狀多花點心思

參加會議和洽談是工作上非常重要的部分。

但是，我相信很多人都參加過這樣的會議：雖然開會時間很長，卻遲遲做不出結論，白白浪費時間。

追根究柢起來，會發現原因在於與會者所抱持的想法與投入程度有落差。當然，每個人的資質和能力不盡相同，但只要改變會議的硬體條件，確實能夠多少提升與會者對於會議的集中度。

第一點要注意的是，不要選擇在過於寬敞的會議室開會。當然，會議室的大小牽涉到開會人數的多寡，但為了讓每個與會者都能產生適度的緊張感，更加投入於會議的內容，建議選擇空間稍微侷促的會議室。優點是每個人說話的聲音可以被聽得比較清楚，而且一發呆也很容易被其他人發現，所以還可發揮督促的效果，讓每個與會者更加專心聆聽與積極發言。

另一項重點在於會議桌。一般的會議桌多半是方形桌，便於決定入座的序列。缺點是難以激起與會者踴躍發言的意願。所以最好選擇圓桌，讓與會者圍坐。理由是如果希望每個與會者能夠暢所欲言，最好讓他們以對等的立場參加會議。

打造可提升會議參與度的環境

■小一點的會議室比寬敞的會議室好

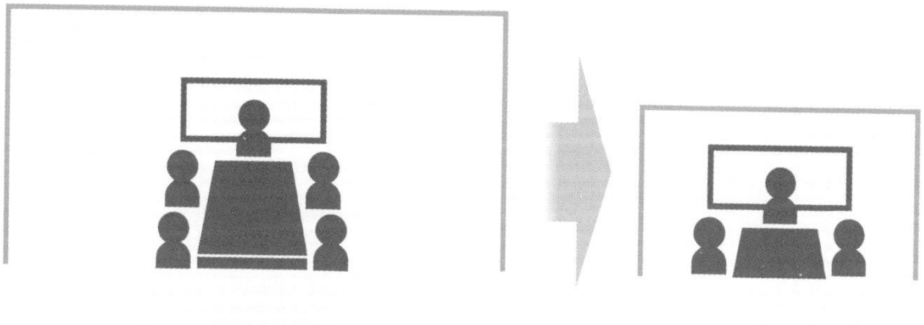

在小會議室開會的優點

· 讓與會者產生適度的緊張感
· 如果有人不專心，馬上會被發現

■圓桌比方桌好

採用圓桌的優點

· 便於大家自由入座，有助於產生暢所欲言的氛圍
· 即使分邊而坐，彼此的距離也不會太遠

STAGE 9

不可小看聲音所展現的力量

學習把話說得得宜，成為說話高手

不論男女，有些人就是特別會說話。他們聊天的話題很豐富，反應也快人一等，而且也精通各種話術，辯才無礙。相信很多人都希望自己也能有這樣的口才。

但是，累積知識和磨練口才都需要時間。想要事半功倍的人，不妨從說話的「聲音」下手。

有一種說法是聽者從說者獲取的訊息中，與說話的「內容」有關的只有7%，至於表情和肢體動作等「身體」部分的則占了剩下的55%，聲音大小和速度等「聲音」部分占了38%。

各位如果要把重點集中在聲音，其中最重要的是「間隔」。具體而言，在發表重要的內容之前，最好先「暫停」下來，維持幾秒的空檔，如此一來，對方自然會更注意你接下來要說什麼。

除此之外，說話的速度和節奏也很重要。請依照對方的理解程度調整講話的速度吧。記得提醒自己，講話速度千萬不可像連珠炮。但聲調單調平板，毫無抑揚頓挫也不行。維持適度的抑揚頓挫，才能讓對方有耐心繼續聽你說。總而言之，只要在說話的聲音上稍微用點心，就能使效果明顯提升。最後，請各位務必找個機會，實際練習上述的技巧吧。

成為談話高手的技巧

運用「空檔」帶來的效果

- 說明重要的事情之前，刻意停頓幾秒
- 製造空檔，可以讓對方更注意你要說的話

說話速度和節奏

- 配合對方的理解度，以適當的速度說話
- 想像著自己正踩著節拍，以明快的步調說話

說話的聲調不可單調平板

- 聲調如果過於平板，沒有抑揚頓挫，就無法讓聽者知道重點在哪裡
- 聽者容易感到不耐煩

講話速度不可以太快

- 講到興奮處，嘴巴像機關槍一樣，快速講個不停是大忌
- 刻意放慢講話的速度

■溝通的三大要素

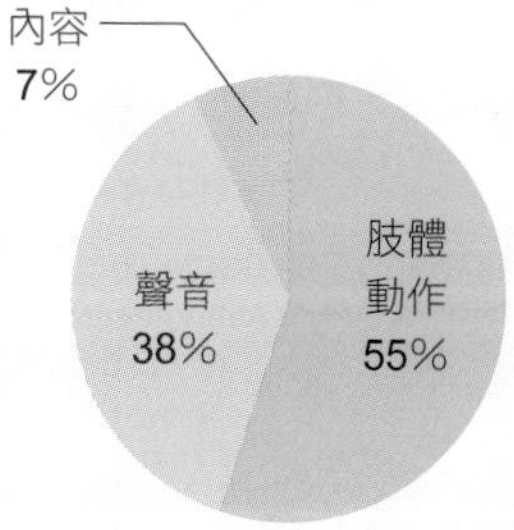

聽者從眼前的對象接收到的要素

- 比重最高的是表情、肢體動作等「身體」的部分，其次是音量和說話速度等「聲音」的部分
- 「內容」僅占了7%

STAGE 10

聆聽時的重點是點頭與鸚鵡學舌！

看準時機，讓對方知道「我有在聽你説唷」

日本有一句流傳已久的俗諺是「真正會説話的人也是聆聽高手」。意思是若想建立圓滿的人際關係，除了良好的説話技巧，也必須具備優秀的聆聽技巧。

舉例而言，不論對方講的內容再乏味無聊，你也不能就此放空。讓對方知道你心不在焉，對雙方的關係只會帶來負面影響。為了讓對方知道「我很專心在聽你説喔」，建議你不時點頭當作回應。

不過點頭也要講究時機。正確的時機是聽到對方已經講完重點或是講到一個段落，再出聲點頭附和。相信對方也會因為有人很認真聽自己講話而感到滿足。

另一項重點是像鸚鵡學舌一樣重複對方的話。當然，不是照單全收，每句話都學。你只需從對方的話中，找出關鍵句或常出現的字眼，然後和出聲附和的時候一樣，看準時機再複誦對方的話就好了。複誦後，不需要加入自己的意見。畢竟你只**要讓對方感受到「你講的話我都聽到了，而且也知道重點是什麼」就夠了**。

如何成為聆聽高手

■在適當的時機出聲並「點頭附和」

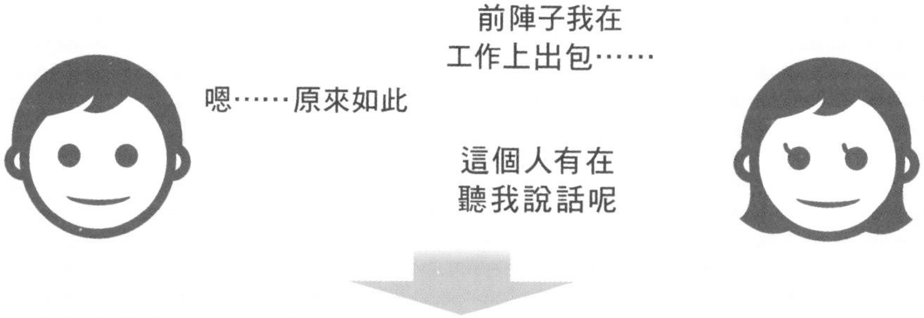
前陣子我在
工作上出包……
嗯……原來如此
這個人有在
聽我說話呢

出聲點頭附和的正確時機

- 專心聆聽對方說話，聽懂了就點點頭
- 看準時機，在對方講到一個段落時點頭回應

■善用把對方的話再講一次的「複誦法」

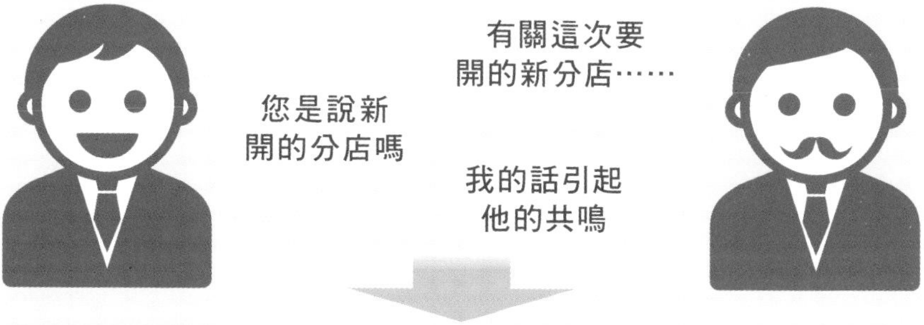
有關這次要
開的新分店……
您是說新
開的分店嗎
我的話引起
他的共鳴

複誦法的方式

- 複誦對方談話中的重點部分
- 一定要複誦對方一再提到的關鍵字
- 不需要加入自己的意見

STAGE 11

提升自我展現能力

利用「鄰近效應」與「單純曝光效應」提升人際吸引力

兩個人認識後，隨著往來次數的增加，彼此之間的交情也逐漸變得深厚。但是，自己與對方的距離能縮短到什麼程度卻因人而異。差別在於人際吸引力的高低，也就是一個人受他人喜歡或討厭的程度。

人際吸引力的多寡取決於這個人的外表是否受到喜好，以及是否與他人有過相似的經驗。可惜的是，一個人很難靠自身的努力來增加人際吸引力。不過，各位倒是可以藉由「鄰近效應」與「單純曝光效應」來自力救濟。

所謂的鄰近效應意即人對與自己物理距離近的人，容易懷有親近感的心理效應。舉例而言，和住得離自己近的人感情更好，或者在辦公室裡，和坐在自己隔壁位子的同事走得近是人之常情。所以，如果你有想要一親芳澤或希望和他培養出深厚交情的對象，可以想辦法搬家或者換位子，看看提高「近水樓台先得月」的好事會不會發生。

至於單純曝光效應，意指一個人的人際吸引力會隨著見面次數的增加而提高。如果你也有想和他變得親近的對象，不妨每天都和他見面打招呼，相信日積月累下來，一定看得到明顯的成果。如果對方是生意上的客戶，相信只要你勤加拜訪，也能夠和他培養出更深的交情。

靈活運用鄰近效應與單純曝光效應

■所謂的鄰近效應，意即人對距離自己近的人容易產生親近感

鄰近效應的例子

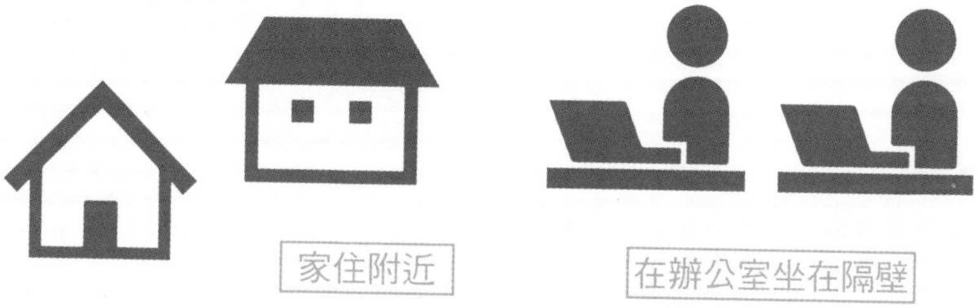
家住附近
在辦公室坐在隔壁

※其他還有同鄉和同校等

· 如果有想變得親近的對象，拉近與他的物理距離是個好方法
· 想辦法換到對方附近的座位，或者搬家到對方家附近也不失為好方法

■單純曝光效應是指人際吸引力會隨見面次數增加而提升

早上
早安
晚上
晚安
又是他，
今天早上也……

· 每天與對方碰面並問候他（眼神如有接觸更好）
· 如果對方是客戶，增加拜訪次數是有效的做法

STAGE 12

一個人的形象有6成取決於第一印象！

第一次見面留下的印象會左右日後的關係

前面已經為各位介紹單純曝光效應（64頁）的應用方式。但這招也不是每次都能奏效。有些人明明與對方頻繁碰面，卻還是難以拉近與對方的距離。會有這種情況發生，原因大多和第一次見面時給對方留下的印象有關。

這種現象稱為「初始效應」。也就是一個人在別人的心目中留下的印象，取決於雙方第一次見面的前10秒。一般而言，一個人的形象有6成取決於這段短短的時間。這時形成的印象會留在對方的記憶之中，對彼此今後的關係持續發揮影響力。

如果是男女之間，大概從這短短的10秒，即可決定兩人會一直保持朋友關係，或是發展為情侶關係。因此，或許有人覺得難度太高，但如果你在認識某位女性後，馬上很想和她有進一步發展，建議你一定要打鐵趁熱，從一開始便積極接觸對方。

如果希望自己一開始便得到對方的青睞，最有效的辦法是主動出擊，向他表示好感。這個方法利用的是稱為好感的互惠性（44頁）的心理。總而言之，持續向對方表示好感是最穩當的作法。其次是稱讚對方。另外，如果你能當個好聽眾，專注地傾聽對方說話，也是贏得對方好感的捷徑。

對方對你的印象大半取決於最初的10秒

見面的前10秒所形成的印象，大多會一直留在對方的記憶

■如果希望和剛認識的異性有進一步發展

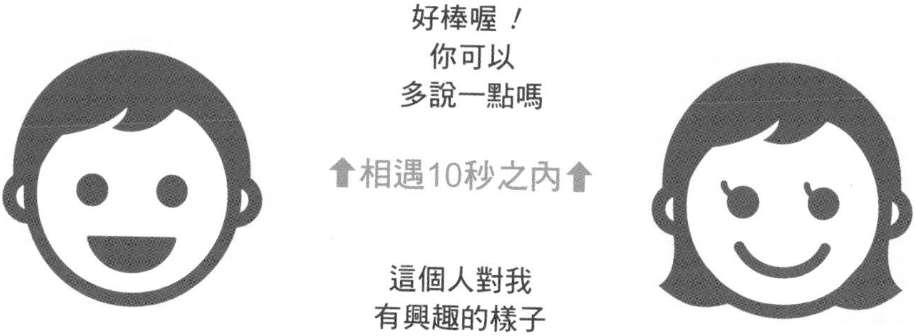
好棒喔！
你可以
多說一點嗎
⬆相遇10秒之內⬆
這個人對我
有興趣的樣子

・向對方表示你對他的愛慕之意
・讚美對方，並當個不時出聲附和的忠實聽眾

STAGE 13

提升自我形象的技巧①

意識到3大要素的存在，努力從這3方面提升自己的形象

每個人和其他人見面時，都會在心裡產生一個有關對方的形象。與這個人之後的關係，也取決於這個形象。

一個人在其他人心目中的形象，由三項要素組成，分別是「外表」「性格」「社經背景」。

外表方面的要素包括容貌、服裝、儀容整潔度等。請各位不要一開始就放棄，抱著「反正我又不是帥哥」的想法，而是在能力所及範圍之內，打理好自己的儀表，以贏得對方的好感。

性格方面的要素包括說話的用字遣詞和態度。首先，請各位以客觀的角度檢視自己的儀態和動作，如果找到缺點，就提醒自己改過來。

至於社經背景方面的要素，指的是職稱和社會地位。雖然不是唾手可得之物，但如果你還是有些值得稱道的經驗，例如「我是○○選手，曾參加過全縣運動大會」「我負責管理的團隊有20個人」等，也請積極自我宣傳。

另外，如果你希望對方對你留下更好的印象，不妨多加利用所謂的「睡眠者效應」。每隔一段時間重複一次相同的事，信賴感反而會提高。所以，即使一開始被對方拒絕，也不要就此氣餒，請過一陣子再向對方示好吧，或許再接再厲之後會有令人滿意的結果也說不定。

對方在心裡建構你的形象

■對方以3大要素看待你這個人

外表方面
·長相是否為自己喜歡的類型
·服裝儀容是否整潔等
性格方面
·遣字用詞是否得體
·表情是否讓人不快等
社經背景方面
·從事的工作為何
·什麼樣的生長背景

■善用睡眠者效應

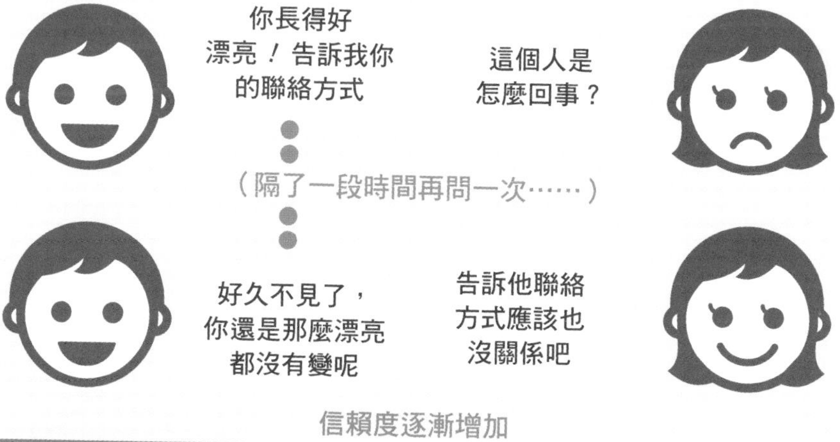
你長得好漂亮！告訴我你的聯絡方式
這個人是怎麼回事？
（隔了一段時間再問一次……）
好久不見了，你還是那麼漂亮都沒有變呢
告訴他聯絡方式應該也沒關係吧
信賴度逐漸增加

睡眠者效應產生後

·對方雖然一開始不受自己信任，但隨著時間的流逝，「不可信賴之人」的印象逐漸淡薄，只記得對方曾稱讚自己。

STAGE 14

提升自我形象的技巧②

靈活運用「色彩效應」與「落差效應」

一般而言，警察制服都是以黑色為底色。用意是強調威嚴與力量，以達到抑制犯罪的效果。像這種利用顏色本身代表的形象來達到目的的手法稱為「色彩效應」。如果運用在人際關係方面，也可能發揮很大的助益。

舉例來說，如果希望自己的形象在對方的眼中看起來很可愛，不妨選擇粉紅色系的服裝或飾品。如果希望營造出清新爽朗的形象，白色和藍色的服飾是不錯的選擇。另外，據說當女性穿上紅色衣物或配戴紅色飾品時，看起來最有魅力。一般而言，暖色系可發揮穩定情緒的效果，冷色系則象徵著冷靜與嶄新的形象。請各位好好運用色彩的力量，讓它成為打造自我形象的好幫手。

另一項重要利器是「落差效應」。如同字面上的意思，就是藉由做出異於平常形象的舉動，使對方對自己留下深刻印象的方法。舉例來說，平常維持冷峻形象的人，如果在工作上表現出熱血沸騰的一面，看起來會比平常就表現得熱誠的人更加顯眼。如果希望能夠讓某個對象對自己留下深刻的印象，不妨在對方面前展現出異於平常的一面。想必對方對這樣的落差感到驚訝之餘，也會更加意識到你的存在。

營造出良好形象的技巧

■色彩效應

警察…黑色系

・讓人聯想到威嚴與力量
・使犯罪者心生警戒，發揮抑制犯罪的效果

護理師…白色系

・帶來清潔與俐落的感覺
・讓患者有安全感

・藉由服裝和飾品的色彩，可以營造出自己想要傳達的形象
・暖色系（紅色、黃色）可以穩定情緒，讓人感覺時間變長
・冷色系（藍綠色、青色）可營造出冷靜與嶄新的氛圍

■落差效應

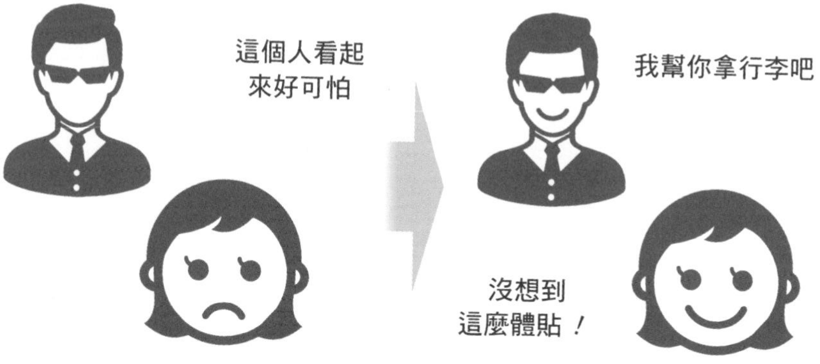
這個人看起
來好可怕
我幫你拿行李吧
沒想到
這麼體貼！

・當原本讓人覺得很可怕的人做出貼心之舉、看似冷漠的人對別人助一臂之力時，兩種形象的落差會讓人對他留下更深刻的印象

STAGE 15

刻意對別人示弱

坦承自己的弱點以加深與對方的關係

每個人都有弱點。當然，有些人會恥於坦承自己的弱點。人會有這種心理很正常，不過，如果願意在某種程度上坦承自己的弱點，反而能夠成為提升人際關係的契機。

想請教各位一個問題：當你知道某個人的弱點，你是否會直指他的痛處，對他發動攻擊呢？事實上，當人知道了別人的弱點，一般都會產生「攻擊對方的痛處太卑鄙」的心理，因此反而會對此閉口不談，不會去踩對方的地雷。舉例而言，如果已經知道「這個人的罩門就是運動」，自然不會約他去打業餘棒球；如果已經明白「這個人口才不佳，講不出有趣的內容」，就不會勉強他上台演講。換句話說，早一點承認自己有哪些弱點，有時候情況反而對自己有利。

吐露自己的弱點還可能帶來另一項好處。也就是讓對方產生「這個人居然願意告訴我自己的弱點」的感覺，滿足了對方的自尊心。

因此，建議苦惱於人際關係不佳的人，首先徹底找出自己的弱點，再以「咬耳朵」的方式向周圍的人吐露。如此一來，相信不論是工作還是感情上的發展，一定都有更讓你滿意的結果。

弱點帶來的不只有負面效果

■主動透露自己的弱點

我很粗心，
常常犯錯
我很不擅長
運動
我的個性優柔寡
斷，有選擇困難症
我的口才很差，
講不出有趣的話

- 畢竟來日方長，如果先讓其他人知道自己的弱點，就可以避免痛處被踩，有利於日後的往來
- 讓對方產生「攻擊對方的弱點太卑鄙」的心理，以後會特別體諒你

■也有滿足對方自尊心的效果

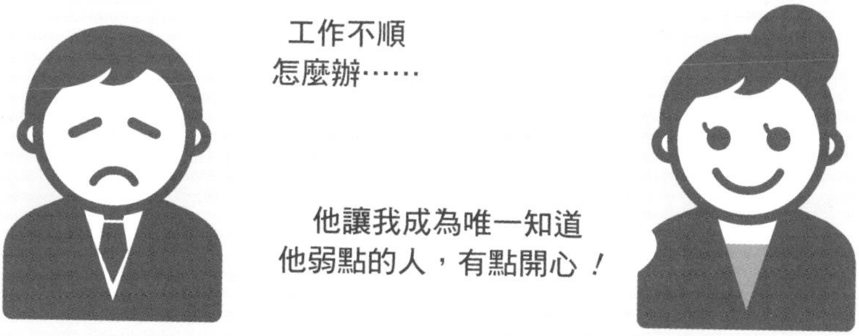
工作不順
怎麼辦……
他讓我成為唯一知道
他弱點的人，有點開心！

- 主動坦承「我真沒用」，甚至可發揮打開話匣子的效果
- 讓對方產生「他把自己的弱點只告訴我一個人」「他很依賴我」的心理，使他的自尊心得到滿足

STAGE 16

不要暗地說別人不是，而是要常常在背地說對方好話

與其直接了當地稱讚，在背地說好話的效果更好

近年來，很多人不論是選購商品，還是預約餐廳，事前一定會參考「網路評價」。因為對消費者而言，比起店員親口說明介紹，產品透過網路得到的肯定更值得信賴。當然，透過網路發表評論的人，與店家之間必須沒有利益往來，評論才有公信力。

事實上，這種類似口耳相傳的效果，對人際關係的經營也能發揮不少正面助益。說得具體一點，就是「在背地說對方好話」。比起對方當著自己的面稱讚自己，不如透過第三者，聽聞「原來那個人在說我好話，給我很高的評價」，心裡留下的印象反而更為深刻，是人普遍都有的心理。這種現象在心理學上稱為「溫莎效應」。

原因在於，即使表現出再誠懇的態度，直接稱讚對方還是很容易讓對方覺得「他只是在說客套話」，但若聽到對方稱讚自己以外的人，因為不具備利害關係，就會覺得對方說的是真心話。

當然，不是當著對方的面說出的讚美，不一定會傳到本人耳中。說得坦白一點，在背地說對方好話，就像先撒出大量的種子。即使是亂槍打鳥，只要讚美的次數夠多、場合夠廣，就可能讓對方輾轉得知，進而對你產生好感。換言之，當初播下的種子，終有開花結果的一天。

讓人印象加深的「溫莎效應」

■何謂溫莎效應

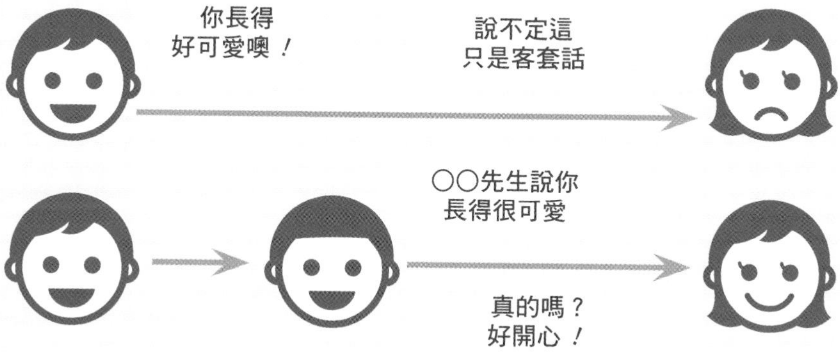

．與親耳聽到與自己有利害關係的當事者說出，透過第三者聽到的資訊，可信度更高，也更容易留下深刻印象

■在背地說對方好話，就像先撒種子

．在背後講的好話不一定很快就傳到本人耳中，但還是有被他知道的可能。一旦對方知道了，會覺得很開心，進而成為挺你的人。如果能發展到這一步，表示當初撒下的種子已開花結果

STAGE 17

若想與對方融洽相處，主動道出自己的失敗談能夠奏效

把自己的失敗經驗發揮在人際關係的強化上吧

當人想和某個人變得熟稔時，最常採取的作法是主動向對方透露有關自己的資訊。包括目前從事的職業、出生地、年齡等。對方在接收這些資訊以後，通常也會「禮尚往來」，報上自己的個人資訊。這種現象稱為「自我揭露的回報性」，也就是希望自己和對方能對等得到有關彼此資訊的心理。如果兩個人是透過這樣的方式變得熟稔，之後也更容易取得進一步私密的資訊，培養出深厚的交情。

有一點必須注意的是，自我揭露的內容私密度必須視交情的深淺程度而定。如果在雙方交情尚淺的階段，就突然向對方公開家醜「其實我家現在面臨很大的麻煩」，只是徒增對方困擾。另外，如果自我揭露的內容帶有炫耀意味，像是「我最近在公司剛當上主管」，也可能引起對方的反感。

如果希望自我揭露的效果能發揮到最大值，最好說說自己的糗事。例如「之前我在工作上出了包，居然把文件搞丟了」。聽到你這麼說，對方可能也會忍不住向你托出自己的祕密，像是「其實我之前也……」。只要感覺到對方與自己感同身受，雙方之間就會培養出更深的情誼。最重要的是，如果自己的失敗經驗，也有用武之地，能夠讓你強化與某個人之間的關係，想必你也會感到一絲欣慰，而且累積在心中的鬱悶，終於也一吐為快了。

可幫助你縮短與他人距離的自我揭露

■ 自我揭露的回報性

我這個人啊……
吐露個人資訊
・職業・年齡・出生地等
我現在服務於
〇〇業……

・藉由自我揭露，想要與對方達到對等關係是人普遍都有的心理
・首先，自己主動告訴對方有關自己的事，讓對方也願意吐露自己的資訊，藉此縮短彼此間的距離

■ 失敗經驗談等糗事帶來的效果最好

我前陣子在
工作上出了包
其實我也是……

・與其把自己失敗的經驗隱藏在心中，不如用來自嘲，在人際關係的強化上發揮最大效益
・對方對自己產生同理心，所以雙方的距離也可能因此縮短了

STAGE 18

控制怒火的方法

只要感覺到怒意升起，趕快自我抽離，做個深呼吸

相信每個人都有過這樣的經驗：在工作或日常生活中遇到不合理的事，或者被其他人拖累而陷入困境。簡單來說，只要是人，無可避免地一定會有發怒的時候。但要小心的是，人一生氣，心情跌到谷底時，就會失去冷靜的判斷能力。如果任憑怒氣爆發，對別人發脾氣，可能反而損害自己的人際關係。所以，當你遇到讓你覺得「好煩！」的事情，必須努力平息自己的怒氣。

具體而言，當你發現身體出現心跳加速、冒汗、呼吸變淺等變化，首先讓自己冷靜下來很重要。最有效的方法就是做個深呼吸，讓身體和精神都放鬆下來。另外，為了避免情緒激動會造成瞳孔放大，請提醒自己要瞇起眼睛。讓肩膀放鬆下來，不要出力也是有效的方法。做了上述的動作後，怒氣就會逐漸平息，思緒也會恢復正常。

等到心情恢復平靜，接著進行自我抽離，盡可能以客觀的角度看待整件事情。如果感覺到「現在的我正在生氣」，表示你的情緒已經冷靜下來了。接著請你仔細觀察對方，冷靜以對。

一旦感到焦慮，就先想辦法冷靜下來

■感到憤怒時的身體的狀況

心跳次數增加

全身肌肉變得僵硬

呼吸變淺

冒汗

提高聲調

感覺氣血往頭上衝

· 出現上述反應時須特別注意
· 一生氣，心情跌到谷底時，容易失去冷靜的判斷能力
· 甚至可能怒罵對方或以暴力攻擊
· 別人看了當然對你的好感度會大為扣分

■感到「怒火攻心」時的對應方法

深呼吸
藉由深呼吸讓身心放鬆下來

瞇起眼睛
以防止瞳孔放大

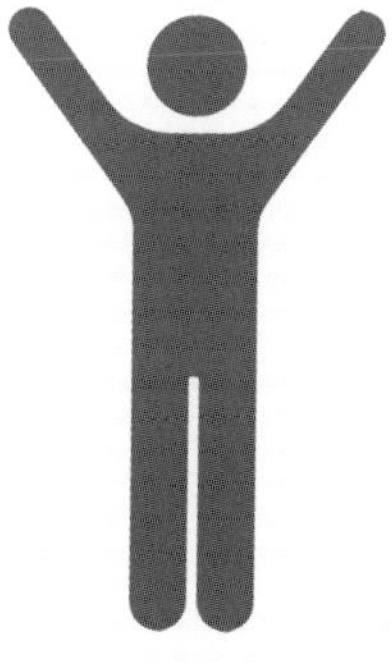

擦拭掌心的汗
張開手心擦乾汗水後就保持手心張開的狀態

肩膀放鬆，不要出力
卸下全身的力氣，可以讓自己放輕鬆

藉由上述動作，就能讓腦部盡可能接近「平常狀態」，恢復冷靜

價格愈貴，賣得愈好？「韋伯倫效應」不可思議的效果

化妝品的包裝成本比內容物本身還貴

一般而言，消費者當然希望商品的價格愈便宜愈好，但有趣的是，商品價格愈高卻反而賣得愈好的現象，在心理學上稱為「韋伯倫效應」。此效應源自於業者利用消費者希望藉由獲得「有價值的產品」「特別的商品」以沉浸在優越感的心理所產生。說到利用這種心理的箇中翹楚，非化妝品莫屬。

化妝品的成本低廉，是眾所皆知的事。舉例而言，化妝水的原料費用大約是1～2日圓、乳液是2～3日圓、口紅是5～10日圓、粉底是20～30日圓。但是，化妝品的基本銷售模式是只要透過包裝，讓商品看起來高貴、有質感，就能夠以幾千日圓，甚至幾萬日圓的價格銷售。順帶一提，化妝品的包裝盒，成本也僅有日幣20～100日圓。換言之，目前在市面上流通的化妝品，包裝盒的成本比內容物本身還貴。

儘管如此，如此昂貴的化妝品之所以能夠吸引消費者掏錢購買，原因只有一個。因為它有辦法讓消費者覺得價格愈高，效果也愈好。換言之，正是昂貴的定價，讓消費者對產品抱著幻想，以為自己買的是「有價值的產品」「特別的商品」。就這個觀點來看，化妝品真正販售的其實是一個讓所有「想變美」的女性滿懷希望的夢想。

價格愈高之物，讓人覺得效果愈好

第3章

操縱對手心理的心理學技巧

STAGE 1

讓別人如己所願行動的技術

利用心理學，掌握對方的心理與行動

如果懂得善用心理學，就能洞悉對方的心理，讓他照著自己的想法行動。當然，為了達到這個目的，必須具備幾項能力。

首先是理解對方的心情。為了做到這一點，你必須仔細觀察對方的言行舉止，思考這些話和動作具有什麼意義。其次是為了深入了解對方所需要的溝通能力。只要稍微改變既有的觀念，就能大幅提高自己的溝通能力。最後一項是動搖對方心意的能力。只要藉由稍微改變你說的話和採取的行動，順利戳中對方的心，讓他起心動念，你的人際關係就會變得更加圓滿。

為了實現上述內容，關鍵在於你必須從平時就和目標對象保持順暢的溝通，與對方保持良好的關係。舉例而言，如果對方是你的主管或長輩，建議你從平常就養成有事就找他們商量的習慣，哪怕只是微不足道的小事也行。只要持之以恆，就能夠透過「多看效應」（54頁）和「單純曝光效應」（64頁）增加彼此的親密度。如果對方願意成為你諮商的對象，當然也別忘了事後向他表示謝意。只要滿足他的自尊，相信對方一定能成為你強而有力的後盾。

掌握對方的心，就能隨心所欲地左右對方的行動

■如何讓對方按照自己的想法行動

1 能夠理解對方的心思
2 深入了解對方所需的溝通能力
3 打動對方的能力

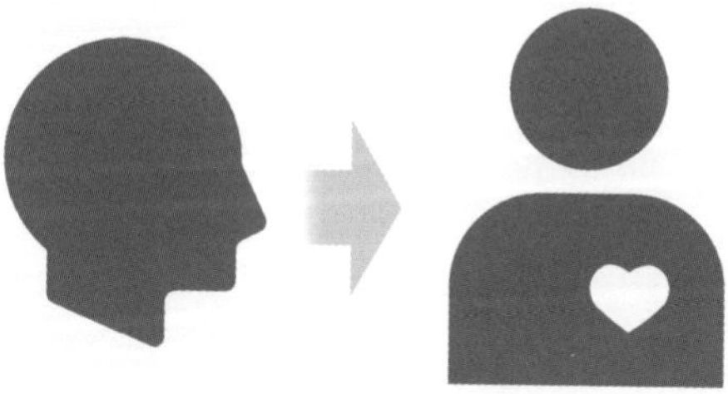

・若想操控對方的行為於無形，必須解讀對方的心思，巧妙刺激對方的心
・平時便勤於與對方溝通，保持良好的關係

■如果對方是自己的主管

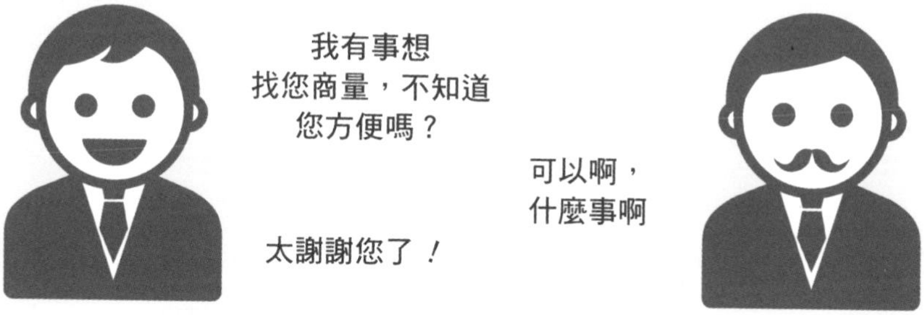
我有事想
找您商量，不知道
您方便嗎？
可以啊，
什麼事啊
太謝謝您了！

・即使只是日常生活中微不足道的小事也無妨，總之要儘量找機會諮詢對方的意見
・如果對方回覆你的問題，記得表達謝意，向他說句「非常感謝您」「受教了」
・經由向對方道謝，可以使他的自尊得到滿足

STAGE 2

讓你掌握主導權的發問技巧

重點在於反問難題與光照的方向

如果你希望和別人談話時，對話能夠朝自己希望的方向發展，最保險的做法是握有對話的主導權。不過，要是你遇到的是口才好的人，說不定對方也會想爭取談話的主導權。**為了反制對方，最有效的方法是向對方提出他很難立刻回答的問題。**

例如你可以向他提出「有關○○，您的看法是什麼？」「請問您的佐證資料在哪裡？」之類的大哉問，如果對方被你問倒，他就會失去大半的自信。接著，他就不再積極地發言，如此一來，對話的主導權自然轉移到你手上。因此建議各位在談話時，最好多想想自己是否能夠提出不同觀點的問題，或者以更宏觀的角度進行思考。

另一項有助你取得主導權的要因是環境。簡單來說，坐在讓光線照在自己背部的位置，比較容易取得主導權。原因在於炫目的光線會加速眼部疲勞產生，連帶讓行為變得被動。如果置身在有窗子的房間，請記得坐在背光的位置。只要搶得先機，相信談話也會朝著對你更有利的方向前進。

如果希望對方的行動如己所願，就要在對話中取得主導權

■向對方提出不容易回答的問題

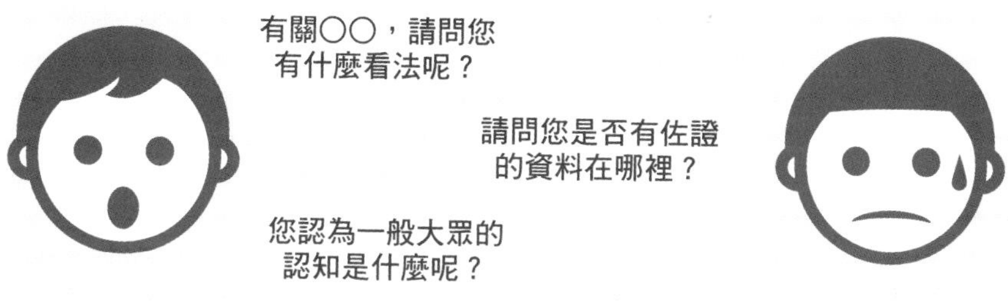
有關○○，請問您
有什麼看法呢？
請問您是否有佐證
的資料在哪裡？
您認為一般大眾的
認知是什麼呢？

・人被問到缺乏自信的問題時，發言會轉為消極，所以主導權會被對方掌握

・只要懂得利用這一點，向對方多問幾個他無法立刻回答的問題，主導權自然能夠由你輕鬆掌握

■對談話的環境也要下點工夫

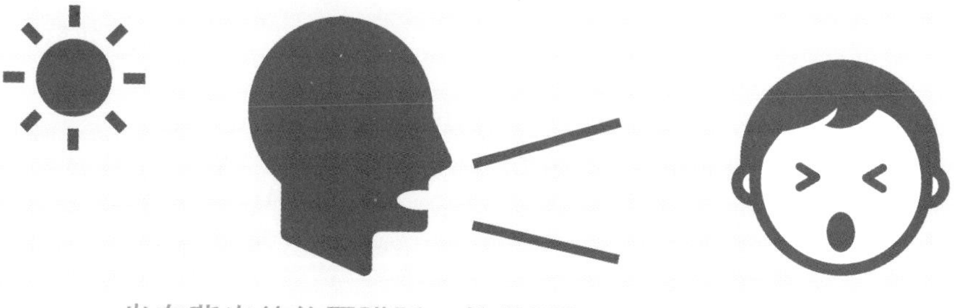

坐在背光的位置講話，效果更好

・坐在背光的位置講話，容易使對方的眼睛疲勞

・當視神經累積疲勞過量，就會變得被動

・結果就是讓自己變得容易取得談話的主導權

STAGE 3

交涉的基本原則是先發制人

及早行動可以在精神上顯得從容

想必大家都有過這樣的經驗：自己過了約定的時間才姍姍來遲。或者是自己準時抵達，但對方先到，結果讓自己覺得很不好意思。事實上，只要雙方準備要交涉、協商之前，以這種情況作為開場的話，晚到的一方就很容易不自覺地覺得理虧，或者對對方感到抱歉，導致在交涉中居於下風。

為了避免這種情況，方法只有一個，就是比對方更早到場。人際關係的基本原則就是先發制人。如果對方是剛好準時到場的人，那你就比他早一點抵達；如果對方習慣比約定的時間稍微提早一點到場，那你就比他再早5～10分鐘。這麼做可以讓你營造出「個性認真負責又守時」的形象，如果對方也是很有時間觀念、保證會守時的人，想必也會對你刮目相看。

所謂先發制人的法則，在對話時也能派上用場。如果你想抓住對方的心，第一步就是讚美他。如果對方已經先開口稱讚你，那你一定要馬上回應，也說幾句對方的好話。舉例而言，假設對方誇你「你在工作上做出不少好成績呢」，那你也要馬上道謝「謝謝你的誇獎，但你才是真正的高手，我聽說你最近簽下一筆大訂單呢」。最重要的就是速度，一定要立刻回應對方。

洞燭機先，迅速行動

■遲到是絕對的大忌

· 就算沒有遲到，但只要比對方晚到，在氣勢上就矮人一截
· 進行交涉時，為了讓自己處於上風，一定要比對方早到
· 建議比約定時間提早5～10分鐘到場

■如果受到對方稱讚，一定要馬上回應

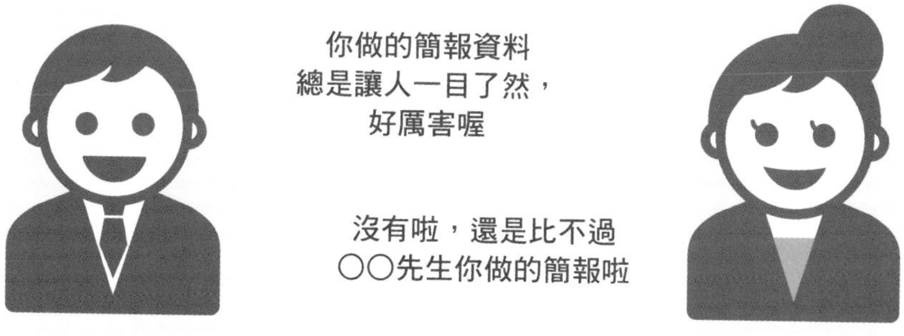
你做的簡報資料
總是讓人一目了然，
好厲害喔
沒有啦，還是比不過
○○先生你做的簡報啦

· 當人聽到別人讚美自己，心防會稍微瓦解
· 如果聽到對方讚美自己，也要立刻回誇
· 提醒自己不要被對方的讚美沖昏頭了，不可失去戒心

STAGE 4

如何讓對方吐露其成功的祕訣

善用讚美的技巧與假設語句

不知各位有沒有想過：在工作上一把罩的人，以及各方面的表現極為優秀的人才，到底和一般人有什麼不一樣呢？一言以蔽之，這類型的人和一般人最大的差異在於，他們懂得從各種經驗中，發展出一套獨門技巧與方法論，加以活用。如果能夠打聽出這套祕技，相信你在工作上也會有更出色的表現。

但是，如果能輕易打聽得到，就稱不上是祕技了。遇到這種時候，若你能夠善用以語言拉抬對方的「讚美技巧」，就有很高的機會如願以償。

例如你可以這樣稱讚對方「我聽說您最近談成了一個大案子。真不愧是王牌營業員！」，接著再說：「不知道您的祕訣是什麼呢？」比起實質的報酬，能幹的人大多更渴望的是得到周圍的認同，所以你開口讚美他，就是為了滿足他的自尊。

如果對方不為所動，接著就試試假設語句吧。你可以用試探的口氣請教對方「您該不會每次在交涉之前都做好萬全的準備吧？」。這種問法不會讓對方覺得你是直接向他提問，因此能夠放鬆戒心。或許他真的會向你吐露他的祕訣所在也說不定。

如何從優秀的人才口中問出他們的祕訣

■首先稱讚對方，從他口中問出訣竅

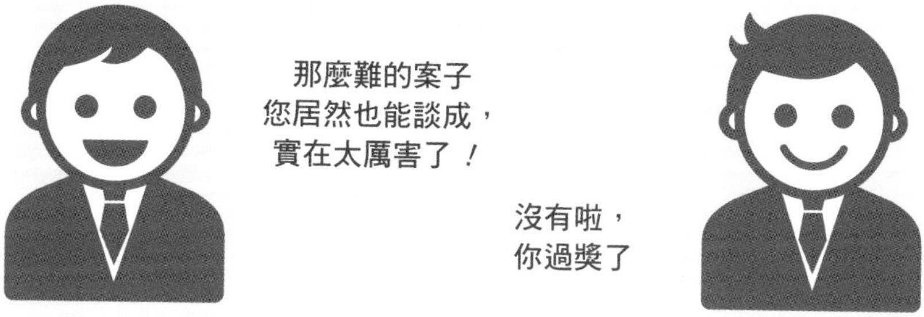
那麼難的案子
您居然也能談成，
實在太厲害了！
沒有啦，
你過獎了

- 能幹的人都有一套獨門技巧和方法論
- 為了提升自己的技巧，最佳捷徑就是向對方請教
- 稱讚能夠滿足對方的自尊，讓他得到精神上的滿足。達到這點後，再開口請教對方

■對方不肯鬆口時就用假設語句

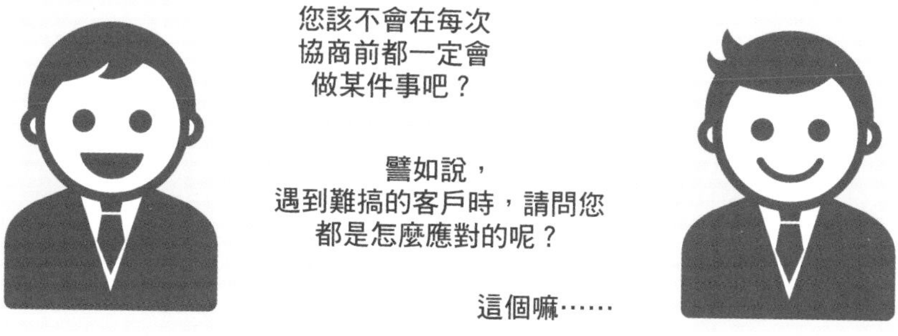
您該不會在每次
協商前都一定會
做某件事吧？
譬如說，
遇到難搞的客戶時，請問您
都是怎麼應對的呢？
這個嘛……

- 使用「該不會」「譬如說」等假設語句，不會讓對方覺得自己被直接詢問，容易卸下防備心
- 只要善用假設語句，就能打聽出核心情報

STAGE 5

人只要被賦予期待就會成長

巧妙運用畢馬龍效應以培育人才

請各位思索一下，自己的身邊有沒有不論交付什麼工作給他，卻總是出錯，或者完全提不起幹勁做事的下屬或後進？為什麼他們永遠都不長進呢？原因或許和長久以來，他們一直被周圍的人潑冷水有關，這種現象在心理學上稱為「格蘭效應」。也就是說，如果一個人一再被周圍的人否定，他的表現果真會如同眾人所說的逐漸退步。因此，面對一個表現不佳的人時，如果一味要求他得做什麼或不要做什麼，以及一再否定他，根本達不到任何改善的效果。

如果希望他們進步，身邊的人應該對他們抱著期待，而且要多說鼓勵的話。對方一定感受得到這份期待且不求回報的心意，而且會努力去達成別人對自己的期望，這種現象在心理學上稱為「畢馬龍效應」。其效果已經透過實驗得到證實。簡單來說，如果你希望某個人要改正自身的缺點，最有效的方法不是當面指責他的缺失，而是以「我只是在告訴你社會常識」的態度提示指點。假設對方是個沒有時間觀念的人，你可以告訴他：「守時的人才會被大家視為可以信賴的人」。把這招用在對方身上，即使沒有立竿見影的效果，但還是請持之以恆，不要放棄，相信對方一定不會辜負你的期望，逐漸成長。

善用畢馬龍效應

■格蘭效應

你沒有一件
事做得好！

你做事不夠專心！

你到底能不能在
工作上多用點心！

・聽到自己受到否定的話，表現也會跟著每況愈下
・強勢要求對方該怎麼做，一開口就否定他，不會帶來任何好處

■畢馬龍效應

我很期待你
能大顯身手！

你做的資料，
內容愈來愈好了！

・一旦被賦予期待，人的內心便會感到喜悅，並且
會想要回應這份期待
・就算不是立刻見效，也要持之以恆地鼓勵對方
・關鍵在於不求回報、無條件的期待

STAGE 6

把「NO」化為「YES」的交涉技巧①

強調「唯有你」「只要你」以滿足對方的自我肯定欲求

當有人因臨時發病而倒臥在路上，即使他高聲求救「請救救我！」，也不見得會遇到願意伸出援手的人。原因在於，因為很多人都會抱著「不用我去也沒關係吧」「反正一定會有人幫他吧」之類的想法。這種現象在心理學上稱為「旁觀者效應」，發生於未針對特定對象的時候。

把場景換到職場也會看到同樣的現象。所以，當你在工作上需要其他人的協助時，也不可忽略了旁觀者效應的影響。若你希望快點找到幫手，你必須向特定對象開口，而不是說「有哪個人來幫我」。

不用說，你當然必須一對一親口向對方拜託，而且開口時，一定要強調非請對方幫忙不可。

被其他人所需要的欲求（肯定自我價值）是人與生俱來的欲求，建議各位不妨針對這個部分，進行適當的刺激。重點在於你要以「能夠把這麼龐大的資料整理得有條有理的人只有你了」「這麼重要的客戶，我能相信的人也只有你了」之類的說詞，讓對方感受到你對他的「另眼相看」。如此一來，想必對方也願意助你一臂之力，為你全力以赴吧。

刺激自我肯定欲求，進行交涉

■ 旁觀者效應

誰來
幫幫我！
不用我去
也沒關係吧
應該會有人去幫忙吧

- 如果沒有明講出特定的對象，只說「哪個有空的人」，聽到的人就會出現旁觀者的心態，認為「我不去幫忙也沒關係」。到頭來，開口要求的人會得不到任何幫助

■ 自我肯定感

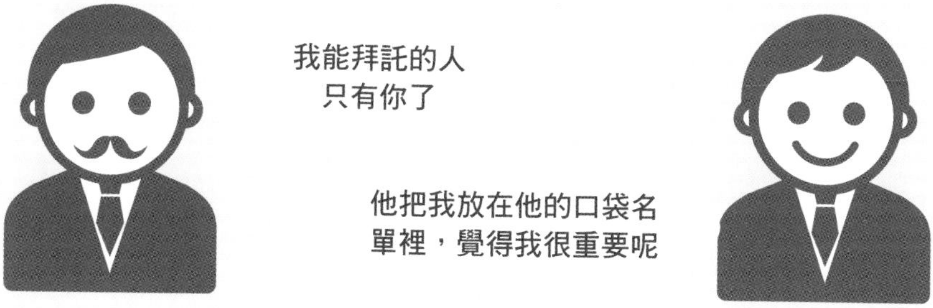
我能拜託的人
只有你了
他把我放在他的口袋名
單裡，覺得我很重要呢

- 拜託別人幫忙時，一定要加上「唯有你」「只要你」，強調非對方不可的決心
- 只要滿足對方的自我肯定欲求，對方就會感到喜悅，樂意對你伸出援手

STAGE 7

把「NO」化為「YES」的交涉技巧②

適合運用在商務場合的「對比效應」和「樂隊花車效應」

「對比效應」和「樂隊花車效應」是商業活動上經常使用的兩大心理學技巧。簡單來說，對比效應運用的是在比較對象出現後，使原本讓人覺得價格昂貴的商品，顯得實惠划算的心理。舉例而言，在推出真正想銷售的產品之前，先向客戶推薦價格較貴的產品，等到對方嫌貴，再趁勢提出建議「其實有一款比較便宜的產品」。如果採用這種手法，客戶買單的機率很高。

另外，如果你希望自己提出的意見能獲得公司內部的採納，也可以使用以下的小技巧。也就是搬出一個冠冕堂皇的理由。舉例而言，假設你發現同事對你拜託的事情都面露難色，你不妨對他曉以大義：「這都是為了公司」，相信對方也只能說「我知道了」。如同上述，只要你多準備幾個有如殺手鐧的關鍵字，工作的進行自然也暢通無礙了。

另外，各位也別忘了善用常見於日本人的「從眾心理」。從眾心理又稱為「樂隊花車效應」，意思是人會以「身邊的人都這麼做」為理由，和別人採取同樣的行動。因此，如果你希望自己的提案在會議中過關，一定要在開會之前，多和幾個要參加會議的人溝通協調，爭取他們的支持。只要事先能夠取得多數的同意，原本的少數派應該也會基於時勢所趨而改變心意。

「對比效應」和「樂隊花車效應」

■對比效應

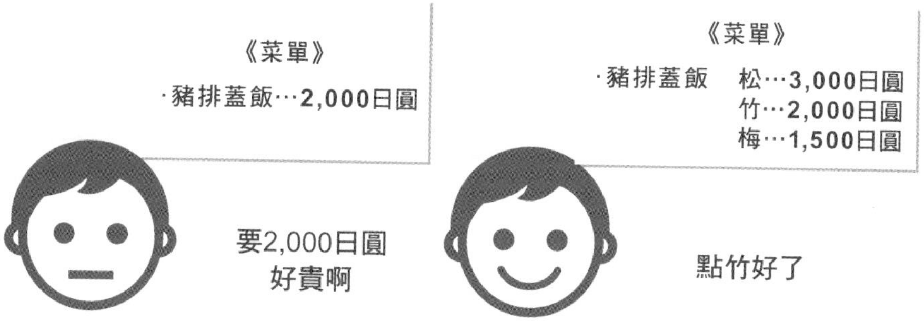
《菜單》
·豬排蓋飯…2,000日圓
要2,000日圓
好貴啊
《菜單》
·豬排蓋飯　松…3,000日圓
竹…2,000日圓
梅…1,500日圓
點竹好了

- 如果只看單一價格，可能會覺得昂貴。但是出現比較對象後，就會覺得便宜
- 交涉時，先提出比較嚴苛的條件，再說出真正設定的條件，會比較容易讓對方接受

■樂隊花車效應

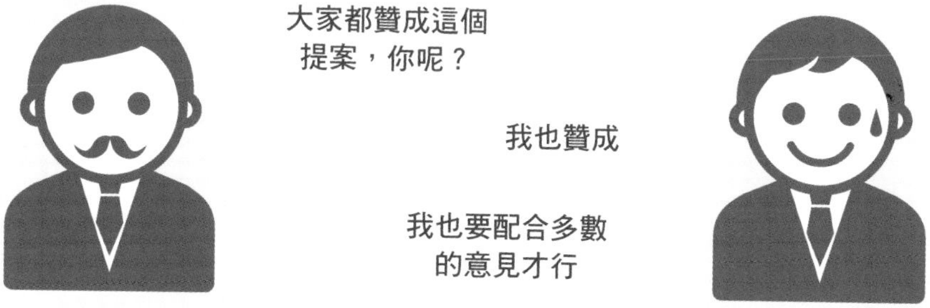
大家都贊成這個
提案，你呢？
我也贊成
我也要配合多數
的意見才行

- 日本人傾向於不要獨排眾議
- 交涉時提出類似「大家都這麼做了，你呢？」「其他公司都接受這個條件，貴公司呢？」的說法，可以提高成功的機會

STAGE 8

把「NO」化為「YES」的交涉技巧③

適用於各種交涉場合的3種技巧

不論在公事還是私人方面，相信大家都有過向別人提出不情之請，被對方拒絕的經驗。若你不想再吃閉門羹，不妨試試以下的心理學技巧。

第一招是「低飛球策略」。也就是一開始先提出簡單的請求，等到對方同意後，再提出難度稍高的請求，利用對方覺得不好拒絕，只好接受的心理，達成自己設定的目標。此外，低飛球策略還有進階版，也就是所謂的「登門檻效應」。作法是先提出簡單的請求，一旦對方同意，再逐漸提高請求的難度，直到對方同意接受自己原本設定的請求。

不論是低飛球策略，還是登門檻效應，利用的都是「一致性原則」的心理。簡單來說，這是從人一旦做出承諾，若沒有堅持到底，就會擔心自己失去信用的深層心理所發展而出的心理學技巧。

另外還有一種和上述心理學技巧完全背道而馳的手法，稱為「以退為進法」。也就是一開始就獅子大開口，提出困難的要求；等到被對方拒絕，再提出難度稍微降低的要求，讓對方願意接受的技巧。採用這種技巧，可以讓對方比較願意接受比自己原先設定的難度再稍微高一點的要求。

三大交涉技巧

■低飛球策略

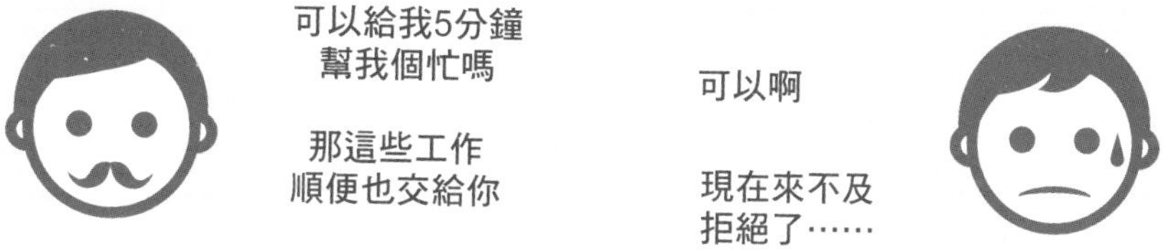
可以給我5分鐘
幫我個忙嗎
可以啊
那這些工作
順便也交給你
現在來不及
拒絕了……

・先提出容易讓對方接受的條件，對方一旦接受，之後就很難開口說不了

■登門檻效應

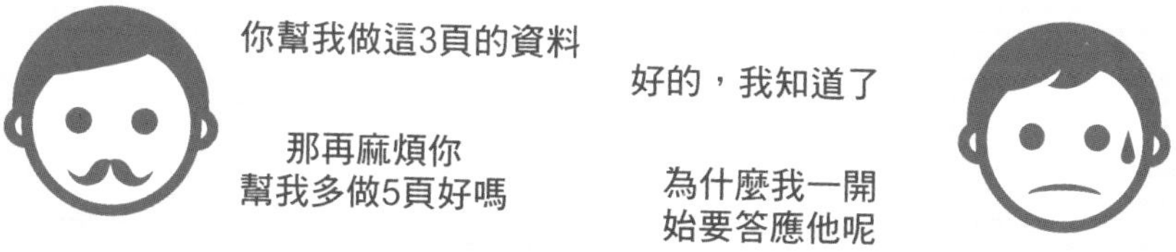
你幫我做這3頁的資料
好的，我知道了
那再麻煩你
幫我多做5頁好嗎
為什麼我一開
始要答應他呢

・一開始先提出簡單的要求，等到對方答應，再追加更多要求，而對方也只能硬著頭皮接

■以退為進法

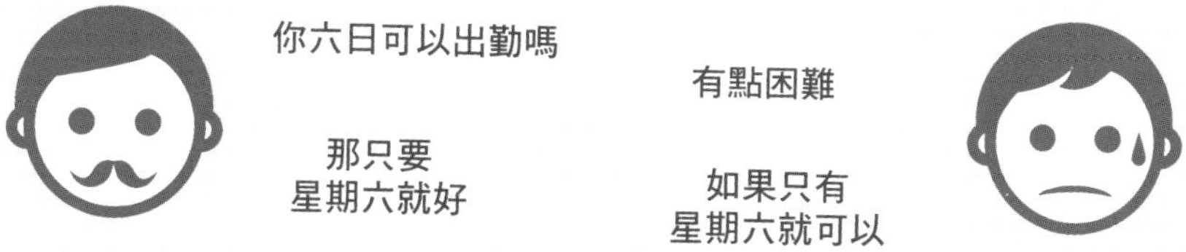
你六日可以出勤嗎
有點困難
那只要
星期六就好
如果只有
星期六就可以

・一開始先提困難的要求，若是對方拒絕，就放寬要求，讓對方同意

STAGE 9

把「NO」化為「YES」的交涉技巧④

運用「錯誤的前提暗示」讓對方二選一

不論是希望顧客趕快下單，或者是自己的企劃案能夠過關，當你想要順利說服對方時，不妨借助「錯誤的前提暗示」的威力。

具體來說，就是向對方提出兩個選項，讓他二選一。例如面對一直猶豫要不要買的顧客時，你可以直接問他「如果這兩樣讓您選擇，請問您比較喜歡哪一個呢？」，幫助他下決定。原本顧客還在迷惘「我到底買還是不買」，但你卻推翻了這個前提，重新成立了「要買哪一個」的前提，這種情況就稱為「錯誤的前提暗示」。如果你想利用這個技巧讓自己的企劃案順利通過，可以多準備一份只是做做樣子的企劃案，再問對方「請問您覺得哪一個企畫案比較好呢」。如此一來，「不採用這個企畫案」的前提自然也被消滅了。

另外，當你向對方提出「A案或B案」這兩個選項時，一般而言，人會對較晚被提到的B案比較有印象，所以選擇B的機率較高，這種現象在心理學上稱為「新近效應」。所以，如果你有更希望對方選擇的選項，記得留到最後講比較有利。

錯誤的前提暗示

■以二選一的方式詢問對方

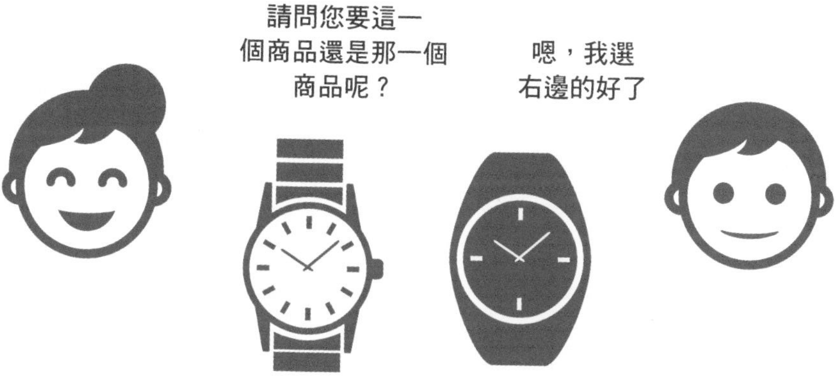
請問您要這一
個商品還是那一個
商品呢？
嗯，我選
右邊的好了

· 向對方提供二選一的條件，就不必讓他做出「買還是不買」的判斷，而是以會買為前提
· 刻意提供對方錯誤的前提，故稱為錯誤的前提暗示

■新近效應

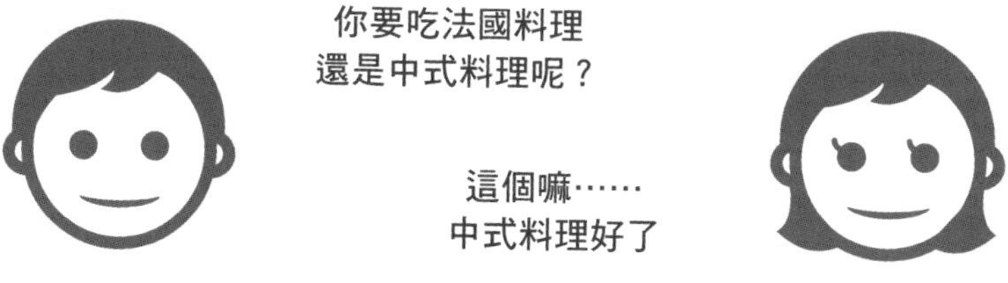
你要吃法國料理
還是中式料理呢？
這個嘛……
中式料理好了

· 若要求對方二選一，對方比較可能選擇的是後講的選項
· 讓對方選擇時，記得把比較希望對方選擇的項目留到後面講

STAGE 10

誘發對方的同情心與憐憫心，讓他接受自己的要求

利用同情弱者心理的哀兵策略

正如日本有句俗諺是「判官憐憫」（意思是同情弱者），看到弱者便心生憐憫是一般人共通的心態。這種現象在心理學上又稱為「哀兵策略」，源自於人看到居於下風的一方，會忍不住想伸出援手的心理。

若懂得善用哀兵策略，相信各位在公事上會得到許多協助。比起單純請求對方協助「這件事可以麻煩你嗎」，不如放低姿態，裝出可憐的樣子「可以請你幫我嗎？不然我就要被主管罵到狗血淋頭了」。表現出自己的慘狀，較容易博得別人的同情。伸出援手的一方也會產生「自己被需要」的感覺，自尊也因而獲得滿足。

不過，運用哀兵策略時，還是請各位要把握幾個重點。第一，即使多少有誇大其辭，但也不要說謊。其次是不要演過頭了，以免引起對方懷疑。還有要盡可能具體描述出自己面臨的難處。當然，各位也可以運用前述的自我肯定價值（92頁），藉由刺激對方的自我肯定欲求。如果對方同意協助你，別忘了一定要馬上道謝，告訴對方「多虧有你，不然我就慘了」。

主動坦承自己的弱點和困境

■ 哀兵策略

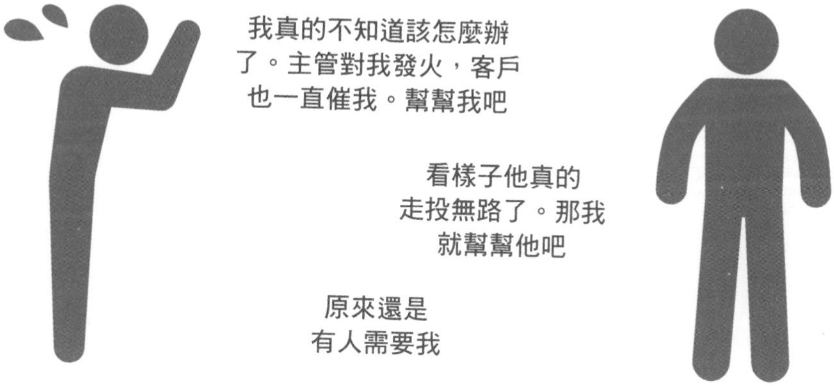
我真的不知道該怎麼辦了。主管對我發火，客戶也一直催我。幫幫我吧
看樣子他真的走投無路了。那我就幫幫他吧
原來還是有人需要我

· 願意對陷入困境的人伸出援手是人之常情
· 被拜託的一方，也會產生「我被別人需要」的尊重感

■ 最有效的拜託方式

不要過度誇述自己的弱點和困境，以免被對方識破

盡可能具體說明自己面臨的難處

「我只有你能拜託」之類的話，能夠有效刺激對方的自我肯定欲求

如果對方答應自己的要求，一定要立刻道謝：「多虧有你，不然我就麻煩了」

STAGE 11

兩種讓你的銷售話術變得更有說服力的技巧

「恐懼訴求」與「得失效應」

打從娘胎出生以來，不安與恐懼便如影隨形般跟著我們每一個人。只要活在世上一天，我們隨時都有新的煩惱產生，像是「這次的新案子能夠順利進行嗎」「退休以後的生活該怎麼安排」等。不過，喜歡想東想西也未必完全是負面事情。因為擔心的話，就會事先想辦法預防，盡可能迴避掉自己恐懼的事情。

在工作上，有一種就是利用人的憂慮與不安，藉此讓對方同意自己要求的技法，稱為「恐懼訴求」。舉例而言，有人會為了讓對方接受這份工作而告訴他：「如果拒絕這份工作，對你將來的發展會很不利」，或是「要是你沒買保險，等到生病的時候就麻煩了」。比起將話說得直白，使人感到惶恐，用婉轉的方式傳達，效果更加。

還有另一種稱為「得失效應」的技巧。簡單來說，這種手法利用的是一旦得不到想要的東西，就會變得更想要的心理狀態。例如，店家只要先宣布「商品已經全部售出」，接著再說「最後限量追加〇個，售完為止」，就能有效刺激顧客的購買慾望，自然能創造出亮麗的銷售業績。

刺激不安感和消失感產生

■恐懼訴求

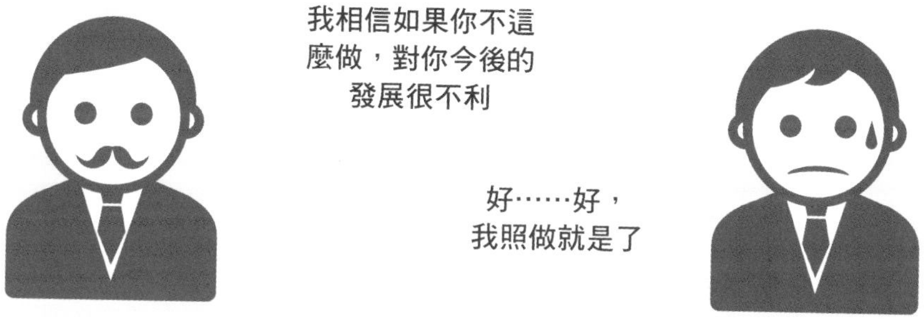
我相信如果你不這
麼做，對你今後的
發展很不利
好……好，
我照做就是了

‧利用對方的不安與恐懼，讓他對自己的要求照單全收的手法
‧重點在於不可過度威脅，只要適度煽動對方的不安

■得失效應

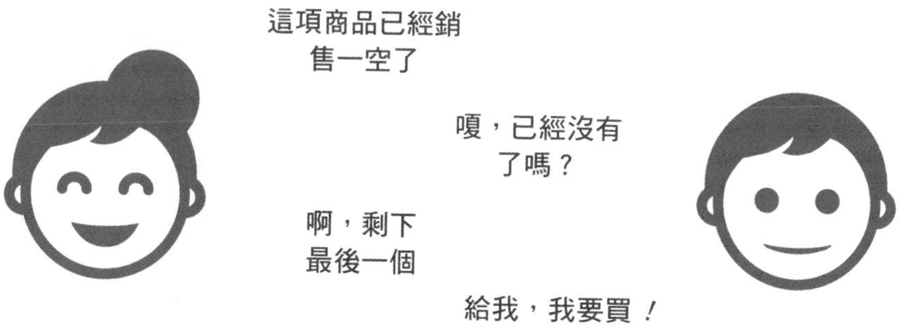
這項商品已經銷
售一空了
嗄，已經沒有
了嗎？
啊，剩下
最後一個
給我，我要買！

‧一旦得不到想要的東西，就會變得更想要的心理效應
‧善用這一點，可以刺激顧客的購買慾望

STAGE 12

在15分鐘內結束銷售話術

充分的事前準備掌握了協商是否成功的關鍵

不知道各位認為一場會議協商的標準時間應該是多久呢？覺得是30分鐘或1小時的人應該不在少數。當然，會議的時間可能會隨著現場氣氛的變化而延長，不過，為了保持從容不迫的態度，事先設定好會議的時間很重要。最重要的是，你必須把最精華的銷售話術控制在15分內結束。原因很簡單，因為人能夠專心聽取對話內容的時間也不過就這麼一點時間。

為了在15分鐘內傳達所有的重要內容，首先你必須利用簡單的閒聊，讓對方放鬆心情。建議你事前做點功課，調查對方感興趣的話題和新聞，把這些內容巧妙的帶入談話。

進入會議的主題後，第一要務是說明重點，再進行補充說明。如果你想先說明達成結論之前的過程，記得在下結論之前，先加上一句「最重要的一點是」，這樣比較能夠讓對方留下印象。總之，為了避免時間的浪費，你必須事先掌握對方的興趣，並且做好沙盤推演。充分的準備將成為掌握成功的關鍵。

理想的對話時間是15分鐘

■講些不著邊際的話無法發揮效果

呃……說到敝公司
的產品特色呢……
好的，我們聽到您的
需求後，會進行全盤
的檢討……
15

・人能夠專心聽別人講話的時間，號稱是15分鐘
・必須仔細考慮，如何以最有效率的方式，把最重要的資訊在這段短短的時間傳達給對方

■為了在15分鐘內傳達該說的話

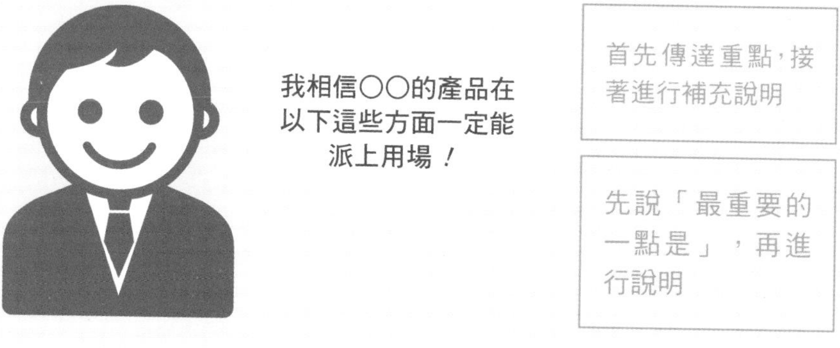
我相信〇〇的產品在
以下這些方面一定能
派上用場！
首先傳達重點，接
著進行補充說明
先說「最重要的
一點是」，再進
行說明

・只要話講超過15分鐘，對方可能已經不記得起初講的內容
・事前進行模擬演練也會很有幫助

STAGE 13

平息對方怒氣的3種技巧

運用「不同調」和「灌迷湯」技巧

本書的78頁已經為各位説明如何平息自己的憤怒，但是，當你和某人在談話中陷入爭執時，除了想辦法控制自己的怒氣爆發，更關鍵的訣竅在於冷靜面對。

當對方憤怒時，如果你的情緒也受到牽動，只會造成反效果。請你運用不同調的技巧，平息對方的怒氣吧。所謂的不同調，就是不隨對方起舞。具體而言，當對方動怒時，你要保持冷靜。

首先，你要提醒自己，在對方的話還沒有説完之前，都不要插嘴，只要靜靜聽就好。但不時要看著對方的眼睛，向他點點頭。等到對方把話説完，再向他表示謝意，理由是「謝謝你願意告訴我你的真心話」。對方應該會很意外你居然這麼説，不過聽到感謝的話語，確實能滿足他的自我肯定感，也能發揮消除幾分怒火的效果。

最後的絕招是「灌迷湯」。就是使出甜言蜜語，降低對方心防的技巧。具體而言，你可以用這句「感謝您的提點，讓我知道核心的問題點」，先把對方捧得高高的，再向他表示歉意。

對方生氣時的處理方式

■保持冷靜，傾聽對方說話

· 自己的情緒不要被對方牽動，保持冷靜傾聽（不同調）
· 為了表現自己有認真聽對方說話，可以適時的點頭回應

■先感謝對方而不是急著道歉

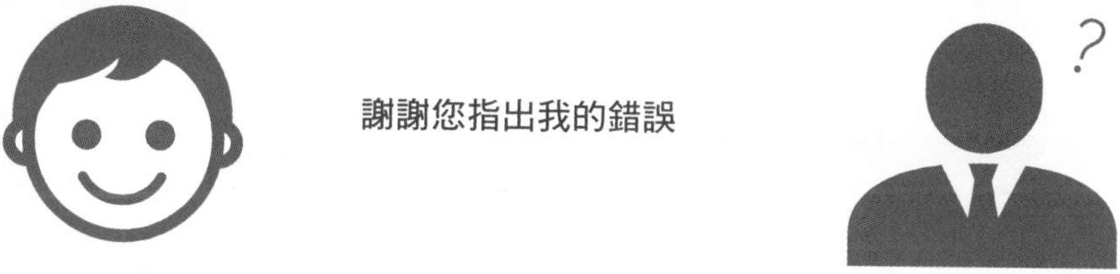
謝謝您指出我的錯誤
?

■進入甜言蜜語模式

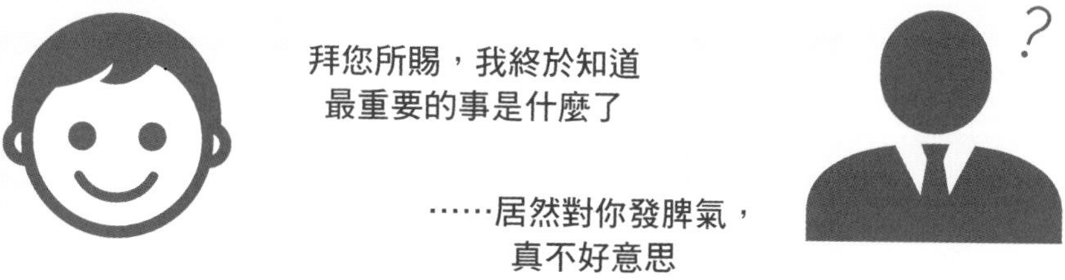
拜您所賜，我終於知道
最重要的事是什麼了
……居然對你發脾氣，
真不好意思
?

· 說出像蜜糖一樣甜的話，降低對方的心防
· 等到對方恢復冷靜，再向對方道歉或重申自己的主張

STAGE 14

精通道歉的3大步驟

輪流使用各種溝通工具，表達歉意

想必很多人都遇過因為自己的一點小疏失和工作上的失誤而惹毛客戶的經驗。這對社會人士而言是絕對需要極力避免的問題。但遇到這樣的情況發生時，從如何向對方道歉，收拾殘局等，也算是一個考驗自己實力的機會。

接下來要為各位介紹的心理學技巧是「單純曝光效應」。也就是隨著接觸對方的次數增加，人也容易對他產生好感和親近感。所以建議各位不妨好好運用這個心理效應，就可以多向對方道歉幾次，但又不顯得突兀。

首先，如果遇到非道歉不可的情況，記得先寄出電子郵件向對方表示歉意。接著，選一個你覺得對方已經看過郵件的時間，打電話向對方道歉。通話的好處是你可以直接確認對方的反應。最後一步是當著對方的面賠不是。當你透過郵件、通話、見面的方式總共向對方道歉3次，相信有比較大的機會獲得對方的原諒。

另外，當面向對方道歉時，記得談話要配合對方的情緒起伏。如果你發現對方好像還在生悶氣，就要把聲調放低；如果發現對方的怒氣尚未平息，情緒還是很激動，那就用誇張一點的方式道歉，請對方息怒。

高明的道歉流程

①透過電子郵件表達歉意

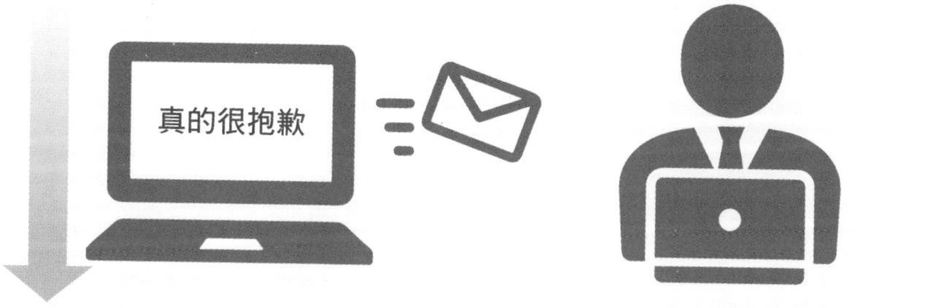

②打電話向對方道歉

③當面向對方賠不是

- 與對方接觸的次數愈多，愈容易對他懷有好感（單純曝光效應）
- 利用這個心理，分別利用郵件→電話→面對面的方式與對方進行3次的接觸，能夠達到平息對方怒氣的效果

STAGE 15

如何聰明反駁對方

先表達贊同之意，再委婉地提出質疑

當你在會議等場合發現你的意見在眾人間成了少數派，或是自己的想法不巧和主管相左時，如果你有把握自己絕對是對的，那就非反駁對方不可。

話雖如此，無論是力排眾議或反駁對方都不是簡單的事。如果你直接表明「我認為這樣的想法不正確」，接著也闡述了自己的理由，卻還是有可能造成對方不快，進而對你產生反感。畢竟人都有情緒，所以難保你不會遇到惱羞成怒，對你大聲反駁的人。

若想在不傷和氣的情況下反駁對方，首先你要明白表示你贊成他的意見。這句話會讓對方有如吃了定心丸，願意靜下心來聽你說話。這時，你千萬不可表現出批判的態度，因為這樣會洩漏你的真心。聰明的作法是說完「我也贊成你的意見」這句開場白後，再提出自己的疑慮，例如「但我想請教一個問題，如果遇到以下這種情況該如何解決」。

這麼一來，對方也必須正面回答你的問題。如果對方的回答模糊不清，或者出現自相矛盾的情形，周圍的人應該也會反過來思考你的意見是否更合理吧。若你發現情勢已出現微妙的變化，記得乘勝追擊，提出進一步的質疑。

在不失對方顏面的情況下反駁他的意見

■直接反駁是NG的作法

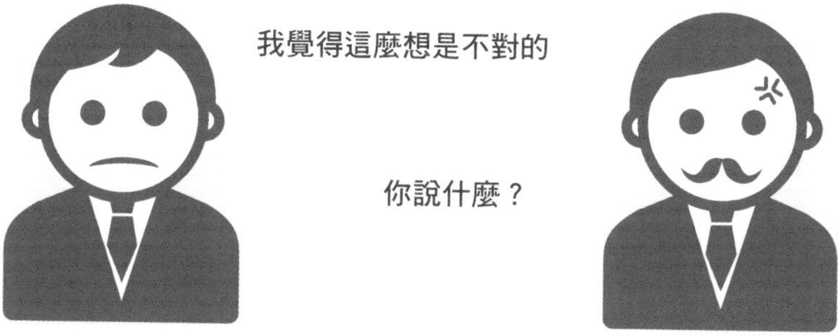
我覺得這麼想是不對的
你說什麼？

■首先贊成對方的意見，再說明自己的想法

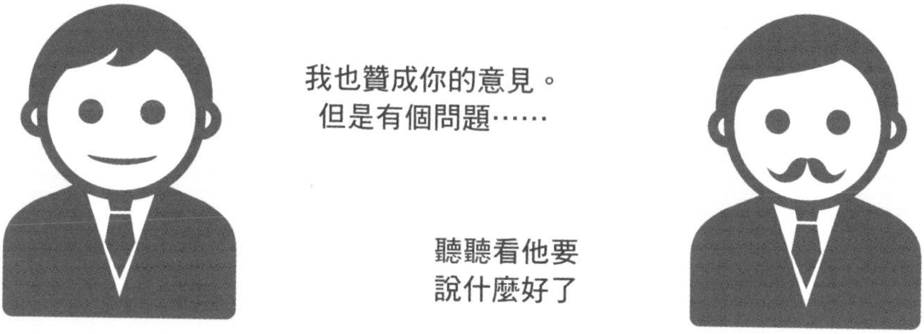
我也贊成你的意見。
但是有個問題……
聽聽看他要
說什麼好了

・即使自己完全不贊成對方的意見，若是直接表明，卻有可能造成對方的不快

・首先表示贊同之意，告訴對方「我贊成你的意見」「我和你的想法一致」，之後再說「但我有個問題……」，向對方提出可藉此表達自己意見的問題

STAGE 16

避免對方發怒的聰明拒絕法

善用YES／BUT法，免於造成對方不開心

相信各位都收過不少讓自己一聽就興趣缺缺的邀約，例如聚餐或公司的例行活動等。雖然很想說老實話，直接告訴對方「感覺很無聊」「好像會把自己累死不想去」，但如果真的說出口，自己和對方之間的關係可能會變得很僵。為了避免這種情況發生，懂得如何聰明的拒絕對方很重要。

建議各位不妨多加善用YES／BUT法。也就是先給對方好消息（YES），再以已經有約的理由婉拒（BUT）對方。因為一開始已經表明接受對方好意，所以就算之後拒絕對方，對方也不至於會產生太大的反感，對雙方的關係也不會出現負面影響。

舉例而言，假設有同事約你參加公司舉辦的聯誼活動，你可以先說「聯誼喔，好想去喔。可惜那天我還有別的會議要參加」。如果最後再加上一句「這次沒辦法參加，但你下次還是要約我喔」就更萬無一失了。當然，為了拒絕邀約，你得編個高明的理由。只要不會有事後被揭穿之虞，什麼樣的理由都可以。遇到不想參加的邀約時，你該做的不是勉強自己，而是動動腦子讓自己全身而退。

善用YES／BUT法

■立刻拒絕對方會造成對方的不悅

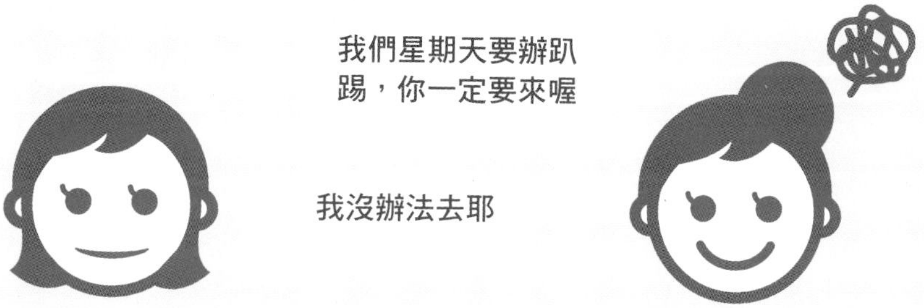
我們星期天要辦趴踢，你一定要來喔
我沒辦法去耶

■先給出肯定的答案再拒絕

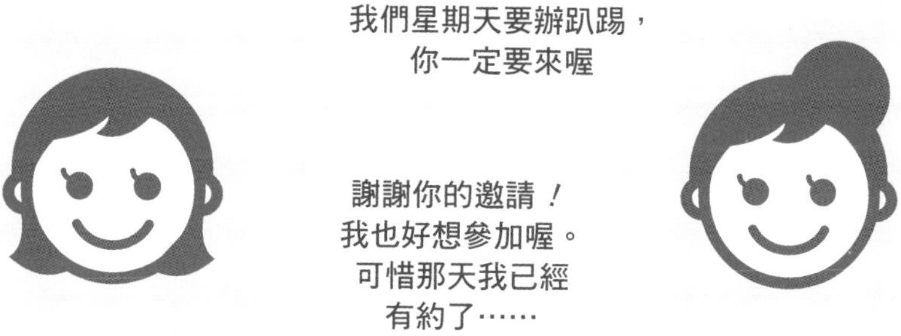
我們星期天要辦趴踢，你一定要來喔
謝謝你的邀請！我也好想參加喔。可惜那天我已經有約了……

- 立刻拒絕對方的邀請或提案，會使對方覺得很受傷
- 遇到這種場合，首先做出肯定（YES）的答覆，再表示拒絕（BUT），就能夠把對方的不悅降到最低
- 最後再加上一句「下次再約我喔」就更萬無一失了（同樣適用於簡訊和電子郵件）

STAGE 17 及早把對方的抱怨轉移到其他方面

藉由能夠把負面轉為正面的話語進行誘導

聽別人訴說他的煩惱或一起喝酒時，有時候自己會被對方當成情緒垃圾桶。不論是有關對公司或主管的不滿、人際關係的煩惱等，對方暢所欲言之後或許覺得會覺得很痛快，但是被迫奉陪的人可就不是如此了。聽人倒苦水會增加自己的心理壓力，對身心都是負擔，如果能快點轉移話題，當然求之不得。

在此提醒各位一點，聽別人吐苦水時，記得不要向對方表現出感同身受的樣子。如果你在口頭上替他聲援，像是「你的心情我懂」「那傢伙真的很過分」等，等於鼓勵對方繼續說下去。

如果希望早點讓對方停止抱怨，最有效的方法就是把對方的負面情緒導向正面。為了達到這點，各位必須學會能夠把對方正在講的話題誘導到其他方面的對話技巧。

舉例而言，如果對方一直對你抱怨主管的各種惡行惡狀，你不妨告訴他「其實部長有時候也會站在你這邊」，再舉幾個實例以喚醒對方的記憶。若是讓對方回想起開心的事，他的心情也會跟著恢復平靜，相信就不會繼續負面思考了。

按下重新設定鍵，把負面轉為正面

■ 對發牢騷的人表示感同身受不是好主意

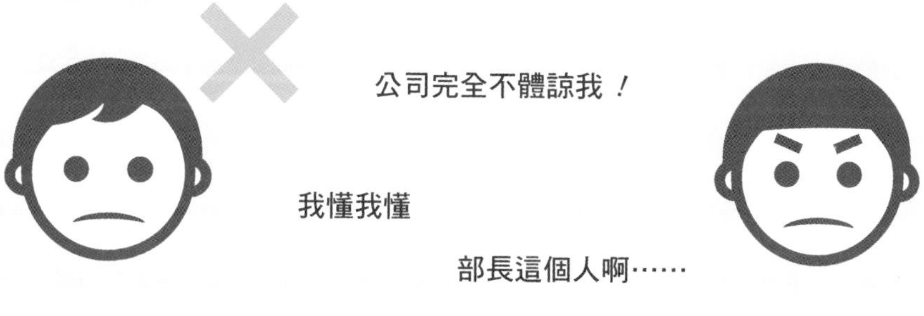
公司完全不體諒我！
我懂我懂
部長這個人啊……

■ 把話題誘導到開心的回憶和值得高興的事

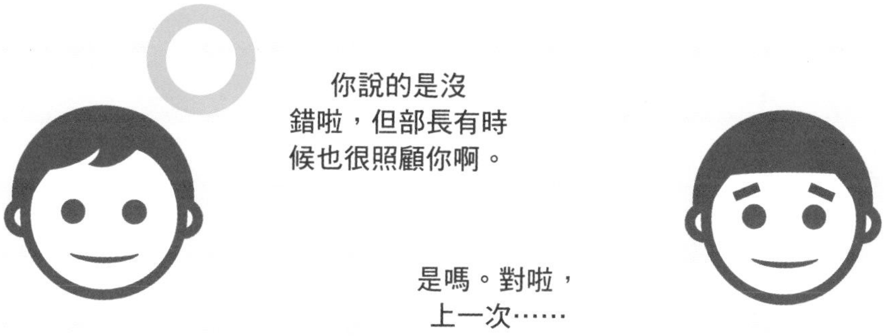
你說的是沒
錯啦，但部長有時
候也很照顧你啊。
是嗎。對啦，
上一次……

- 對別人的牢騷表示感同身受，只會助長對方的負面情緒，讓他繼續抱怨，自己要脫身就更困難了
- 為了把對方從負面思考轉為正向思考，你要掌握話語主導權，把話題轉為正面
- 對方的怒氣也逐漸收斂下來，能夠心平氣和地交談

STAGE 18

擊退惡意客訴的說話術

不隨客戶起舞，冷靜以對

本書在52頁已經為各位說明介紹處理一般客訴的方法，但有些人有時也會遇到「明明錯不在我」，顧客還是抱怨個不停的狀況。這種顧客的目的在於發洩自己心中的不滿，甚至還可能提出某些要求（金錢補償等）。遇到這種不懷好意的人，各位在應對上必須格外小心。

如果對方與你面對面談，記得不要順著對方的話做出回應。如果附和他的意見，只會讓他講得更加起勁。只要保持冷靜的態度，以淡淡的語氣回話就好。

另外，即使對方大聲咆哮，或是做出有威嚇之意的動作，也絕對不要在他的面前露出害怕的樣子。只要讓對方知道威脅這招對你不管用，他也就無計可施了。

除此之外，當對方對你大聲嚷嚷，對你說「給我負起責任」「表現出你的誠意」，請冷靜的反問對方，問他「請問您希望我採取哪一種方式負責呢？」「您希望敝司提出何種誠意呢？」重點在於絕對不要講出對方想聽的答案。想必對方也心知肚明，知道一旦做出超出必要的要求，等於涉嫌恐嚇，所以應該不至於輕易踩到法律的紅線。

冷靜應對的效果最好

■不可附和對方

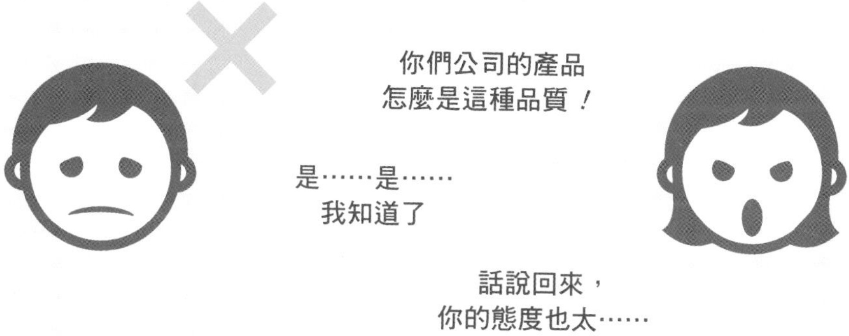
你們公司的產品
怎麼是這種品質！
是……是……
我知道了
話說回來，
你的態度也太……

・一旦附和對方，自己就會被對方牽著鼻子走，等於助長了奧客的氣

■面不改色地任由對方說話

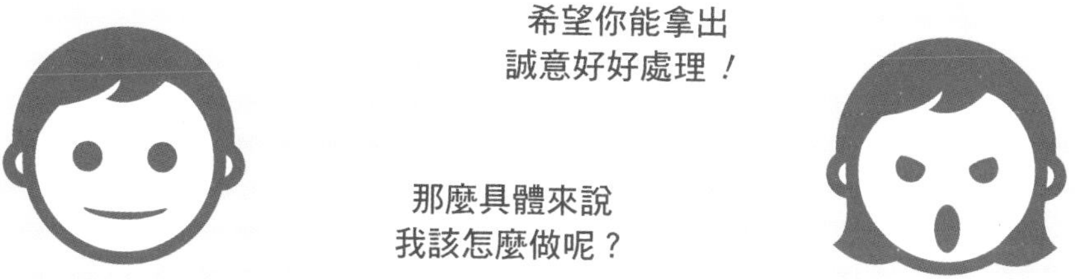
希望你能拿出
誠意好好處理！
那麼具體來說
我該怎麼做呢？

・不要讓對方看到你膽怯的樣子，保持冷靜的態度應對
・如果對方要求你「拿出誠意好好處理」「表現出積極的態度好好應對」，那你就反問對方其具體的希望
・讓對方體認到威脅不管用很重要

STAGE 19

提升整體感的「共同的敵人」的作戰策略

槍口一致對外，和競爭對手轉為合作關係

不論是工作、學業、運動場上各種領域，對手都是不可或缺的重要存在。因為有時候正憑著一股「不想輸給那個傢伙」「我非贏過他不可」的意念，我們才會督促自己更加努力，自己也因此獲得成長。

但是，如果競爭心變得過於強烈，甚至與對手演變成敵對關係，可能會出問題。請各位不妨換個角度思考：畢竟對手具備能夠與你一較長短的實力，所以在必要時刻，你為何不與他聯手，一起對抗其他人呢。

遇到這種時候，最有效的策略就是「聯手對付共同的敵人」。舉例而言，假設對方是與你同一職場的同事，那你不妨找一個不明白事理的主管為對象，和對方同仇敵愾，讓雙方形成「我們要聯手合作，給主管好看」的共識。不可思議的是，一旦有了共同的敵人，兩人的關係就會出現一種羈絆。若能善用這種羈絆，自己反倒能獲得更大的利益。

另外，如果在兩人攜手合作之後，對方做出一番漂亮的成績，也別忘了稱讚對方：「你果然有兩把刷子」。因為你的坦承示弱，對方原本滿腔的競爭心，也會跟著降低幾分，想必雙方也更能夠合作無間，長期保持互助的關係。

藉由製造彼此共同的敵人以產生出羈絆

■ 即使是處於互相競爭關係的對手

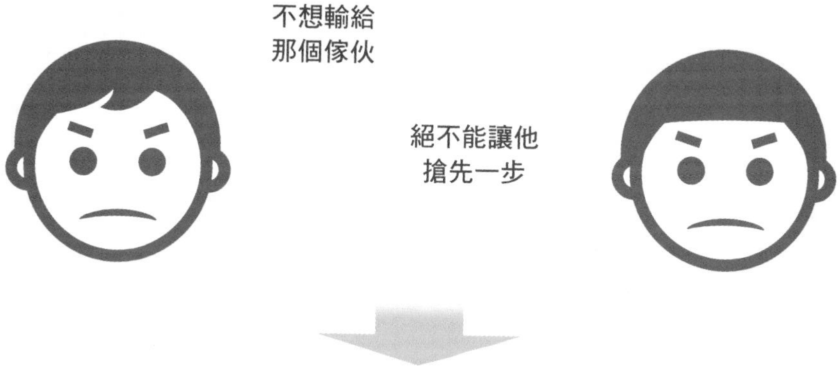
不想輸給
那個傢伙
絕不能讓他
搶先一步

■ 藉由製造彼此共同的敵人，讓雙方形成同盟關係

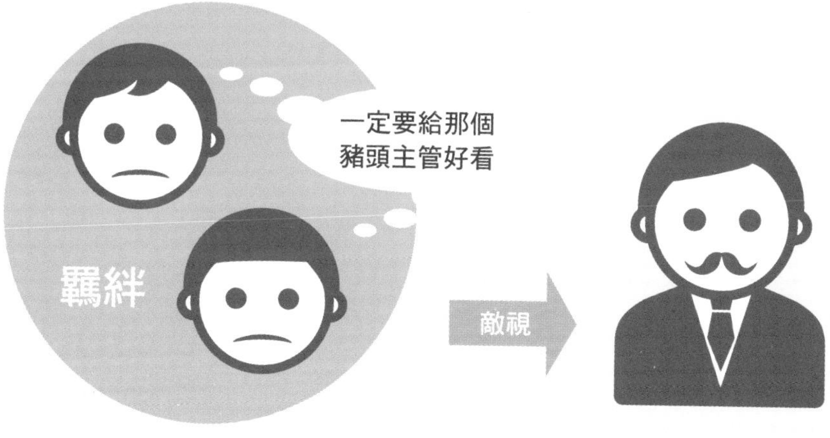
一定要給那個
豬頭主管好看
羈絆
敵視

· 找出共同的敵人，藉由一起討論制敵策略以培養出夥伴情誼
· 利用這個方法可以不斷增加盟友

STAGE 20

利用先褒後貶的手法，讓對方接下不合理的工作

利用對方的「不甘心」，拜託他做事

要拜託別人做事時，自己必須按照對象調整拜託的方式。如果對方是個性認真老實的類型，那你最好仔細說明工作的流程，而且保證在他遇到困難時會給予支援。如果對方屬於粗枝大葉的個性，那你只需要說明大略的工作內容，就可以讓他著手進行。不過，你必須隨時要他回報工作的進度。

在各種類型的人當中，最讓人棘手的是覺得自己很厲害、不論做什麼都沒問題的人。這類型的人具備強烈的野心，所以要他們做事時，最好從激起反抗心和好勝心這方面下手。重點便在於「先褒後貶」。

例如你可以對他說「我知道你很優秀。可是再怎麼優秀，也不可能在明天之前把簡報要用的資料整理出來吧」「雖然你的交涉能力很強，但也搞不定那個客戶，拿到訂單吧」。使出上述這種激將法刺激對方，對方雖然感到「不甘心」，但為了顧及自己的自尊，可能還是會硬著頭皮說「沒這回事，我辦得到」。

在這種情況下把工作委託給對方之後，接著只要靜觀其變即可。不需要對方三不五時向自己回報。告訴對方「我全權交給你處理」的作法，反而更能激發他的責任感，使他對工作更加投入。

能夠燃起對方鬥志的「先褒後貶」技巧

■如果按照一般方式委託，可能會遭到對方拒絕

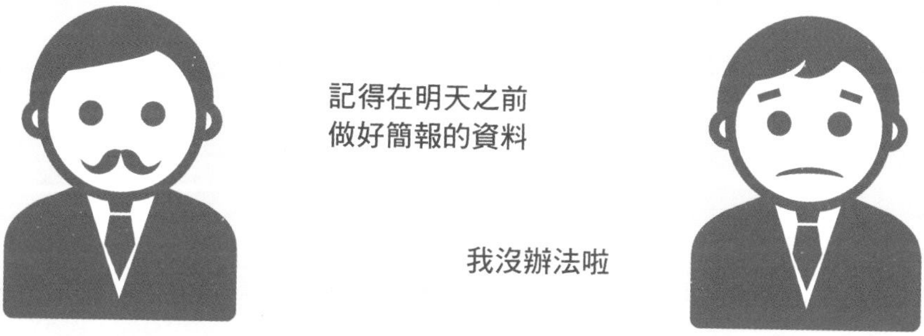
記得在明天之前
做好簡報的資料
我沒辦法啦

■利用先褒後貶的技巧讓對方接下工作

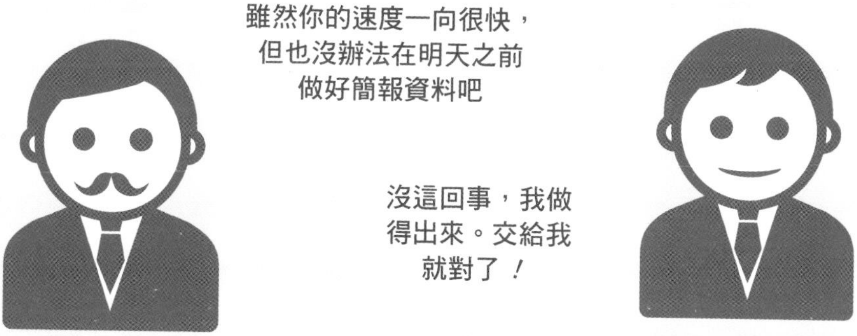
雖然你的速度一向很快，
但也沒辦法在明天之前
做好簡報資料吧
沒這回事，我做
得出來。交給我
就對了！

- 人如果先得到稱讚再遭到貶抑，就會激發出反抗心
- 可以善用這一點，讓對方接下工作
- 接下來只要靜觀其變就好

STAGE 21

訓話的時候不要說YOU，而是說I

使用我訊息（I Message），站在對等的立場訓斥對方

遇到下屬和後進在工作上犯錯時，有時候的確令人火冒三丈。但是，如果當場大聲斥責對方，很可能會引起對方強烈的反彈，而且對你心生嫌隙。

在工作場合上，請各位記住一個原則：我們可以「斥責」，但是不要「發脾氣」。

以下為各位介紹可在這種場合派上用場的「我訊息」。所謂的我訊息，簡單來說就是講話時以「我」當作主詞。相反地，講話時以「你」當作主詞的稱為「你訊息」。當我們在責罵某個人的時候，傾向於使用你訊息，像是「你是怎麼搞的，連這點小事都辦不好」「你不夠努力」。你訊息的特徵是多帶有批判性和武斷性，而且說者容易給人一種高高在上的感覺。相對地，如果使用「我很難過你沒有發揮應有的實力」「我很高興你進步好多」等這類我訊息，就會讓人產生雙方是站在對等立場對話的印象，對方的接受度也比較高。

斥責別人不是件容易的事。遇到不得不這麼做的時候，請慎選遣詞用字，在不激起對方的反抗心理的前提下，好好表達自己的想法吧。

若使用我訊息，能將心底話傳達給對方

■你訊息

你是怎麼搞的，
連這點事都辦不到

你老是遲到，
真的很糟糕

你訊息

- 客觀的
- 帶有批判性質
- 帶有評論意味
- 具有武斷性

■我訊息

我會很困擾耶。如
果你沒把自己的份
內工作做好

我很難過你老是遲到

我訊息

- 主觀的
- 情緒性的
- 參與性高
- 委婉的

- 責罵別人時，最好使用以「我」為主詞的我訊息，而不是以「你」為主詞的「你訊息」
- 我訊息可以觸及對方的內心並鼓勵反思

女性為什麼會連聲說「好可愛」

女性說的「好可愛」，其實是希望得到對方的同感

有些女性動不動就連續好幾次說「好可愛」。看在男性眼中，有時候會感到納悶：「到底是哪裡可愛了？」，殊不知當女性不斷嚷著「好可愛」，其實表示她希望得到對方的同感。因此，聽到女性連聲不斷的說「好可愛」時，只要跟著說「好可愛呢」就對了。如此一來，女性就會因為獲得你的同感而心情大好，內心也覺得很滿足。相反地，要是你和她唱反調，對她說「根本一點也不可愛啊」，那麼你在她的心目中，可能會被貼上「合不來」的標籤，一定要小心喔。女性真正在意的不是你也覺得「很可愛」這件事，而是你和她是否深有同感。所以，只要聽到自己心儀的女性問你「這個可愛嗎？」，你一定要立刻回答「很可愛」。另外，女性之間也時常驚呼連連「好可愛」，基本上把它視為一種她們之間互通「同感訊號」的溝通方式就可以了。

名模●●長得
真的好可愛喔
好可愛喔～
我也超喜歡她的！

在女性之間此起彼落的「好可愛」驚呼聲=互相傳送同感訊號

第4章

擄獲對方的心的心理技巧

STAGE 1

如何成為受女性歡迎的男性

一定要知道「男性腦」與「女性腦」的差異

一般而言，面對同樣一件事，相較於男性重視結果，女性更在乎的是過程。身為男性的你，如果希望自己成為備受女性歡迎的萬人迷，那麼一定要知道「男性腦」與「女性腦」的差異所在。

舉例而言，假設有位女性特地為你親手下廚，只可惜盛盤調味時出了點差錯。這時，如果男性表現出自己在意的只有「做菜失敗」「這種菜哪能吃」的態度，自然不必期待女性會給他什麼好臉色看了。

另一方面，深受女性歡迎的男性則不同。他們深諳女性腦格外重視過程的特徵，所以就算結果以失敗作收，也懂得說「謝謝你親自為我下廚，這份心意真的讓我很感動」來討對方歡心。他們感謝的對象不是結果，而是過程，這點正是擄獲芳心的關鍵所在。

此外，如果你的目標是已有交往對象的女性，最有效的策略是以死會的身分出現在她面前。如此一來，兩人便能夠發展成把彼此的男／女朋友當作話題的關係。重點在於男性要告訴女性，自己對女友是如何溫柔體貼。如果這位女性不久之後跑來找你商量感情問題，表示你的大好機會已經到來。接下來你要做的，就是好好當個愛情顧問，把握機會和她培養感情吧。

了解男性腦與女性腦的不同

我很努力做了你愛吃的
咖哩，可是失敗了

男性腦=重視結果

這種東西
怎麼能吃啊

女性腦=重視過程

謝謝你為我下廚，
我好高興喔

· 相較於男性大多重視的是結果，女性重視的則是過程
· 把焦點放在過程而不是結果，是討女性歡心的最大關鍵

擄獲已有男友的女性芳心的3個步驟

STEP1：以也有女友的身分出現在她面前
這個不存在的女友可以讓女性安心，認為對方不會對她有非分之想，因而放下心防

STEP2：發展成雙方會聊到彼此的伴侶的關係
以不著痕跡的方式提到自己對女友各種溫柔體貼的行徑，以提升對方對你的好感

STEP3：女性終於把你視為戀愛軍師。
在充當愛情顧問之餘，更要把握機會，想辦法讓兩人的感情加溫

STAGE 2

讓陷入低潮的人，心情豁然開朗的方法

情緒正處於低潮的人，不需要任何解決方法和建議

當身邊的朋友和另一半陷入低潮時，相信大多數的人都很願意扮演傾聽煩惱與給予建議的角色，讓他們早日打起精神。

但是，有一點要提醒各位的是，為了鼓勵對方，好意向他們提出各種解決辦法，或是根據自己過往的經驗給予建議，完全是適得其反的作法。事實上，陷入低潮、為煩惱所苦的人，渴望的不是有人告訴他們該怎麼做，而是一個對自己感同身受，靜靜傾聽的對象。

實際上，以傾聽別人的煩惱為業的心理諮商師，同樣使用「傾聽」的手法，讓諮商者說出自己的煩惱。在這個過程中，心理諮商師完全不觸及如何解決問題的部分，而是徹底傾聽，展現將心比心的感受。大多數抱持著煩惱的人，其實最想做的就是把自己的問題先告訴某個人。

基於這一點，當你遇到心情沮喪的人想找你談談時，根本不必煩惱「我該和你說什麼」。只要專心聆聽不插話，表現出你的同理心就很稱職了。因為為煩惱所苦的人，只要找個人傾吐心中的鬱悶，心情就能豁然開朗，重新找回生活的動力。

對情緒陷入低潮的人而言，「將心比心」比「鼓勵」更重要

其實我最近
遇到一件事……

聽有煩惱的人傾吐時……

鼓勵、建議

你一定要加油！

· 建議
· 叱責
· 反駁
· 提出解決方法

多餘的鼓勵和建議，有時候
反而會帶來壓力

同理心

嗯嗯

我了解你的心情

· 點頭
· 感同身受
· 不否定對方

唯一做的是聆聽，讓對方的
心情變得舒暢

· 為了替對方分憂解勞，最好的作法是徹底當個聽眾

STAGE 3

想要鼓勵別人時的3個技巧

激發出勇氣與動力的心理技巧

雖然有幸得到大型專案的負責人青睞，詢問自己願不願意成為團隊的一份子，但實在缺乏使命必達的信心，不知道該不該答應對方……。如同遇到類似上述的情況，當你想推某個人一把，鼓勵他接受挑戰時，最有效的作法就是說些鼓舞對方自尊心的話。當人聽到別人對自己說「這正是展現你真正價值的大好機會」「你應該不是會為了這點小事就膽怯的沒用傢伙吧」等刺激自尊心的話，便會激發出鬥志，湧出接受挑戰的勇氣。以後遇到猶豫不決的人時，如果你想從背後推他一把，請務必試試這個方法。

若是對方因為犯錯而陷入沮喪，最好說些能讓他跳脫思考框架的話。這種手法在心理學上稱為「重新框架」，也就是改變看待事情的觀點，在某些情況下把負面轉為正面。具體而言，假設遇到對方犯錯時，可以這麼鼓勵他「因為你這次搞砸了，我們也才能夠發現資料表和欄位的設計都出錯了」。另外，面對遭遇血光之災，看似倒楣的人，不妨說出結果最糟的可能性，像是「運氣再差一點的話，你連命都沒了」，讓對方稍微得到安慰：「我雖然受傷，但已經是不幸中的大幸」，也能夠加速重新振作的腳步。

為別人打氣的會話技巧

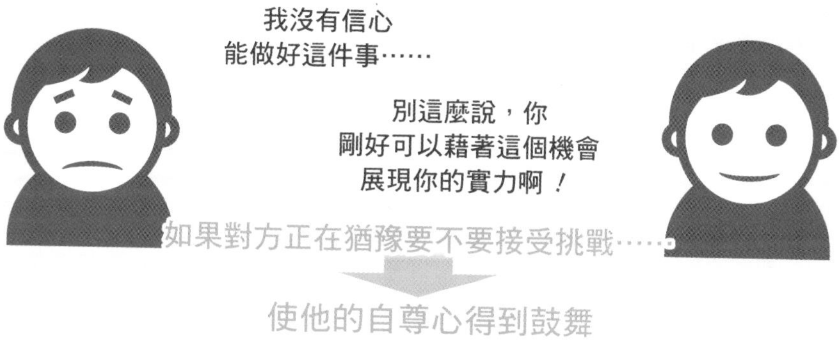
我沒有信心
能做好這件事……
別這麼說，你
剛好可以藉著這個機會
展現你的實力啊！
如果對方正在猶豫要不要接受挑戰……
使他的自尊心得到鼓舞

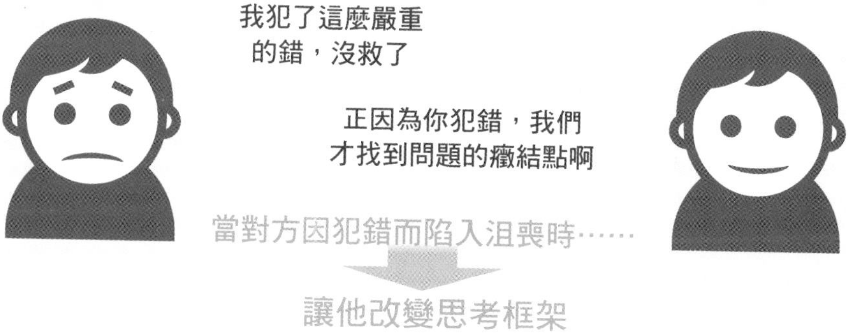
我犯了這麼嚴重
的錯，沒救了
正因為你犯錯，我們
才找到問題的癥結點啊
當對方因犯錯而陷入沮喪時……
讓他改變思考框架

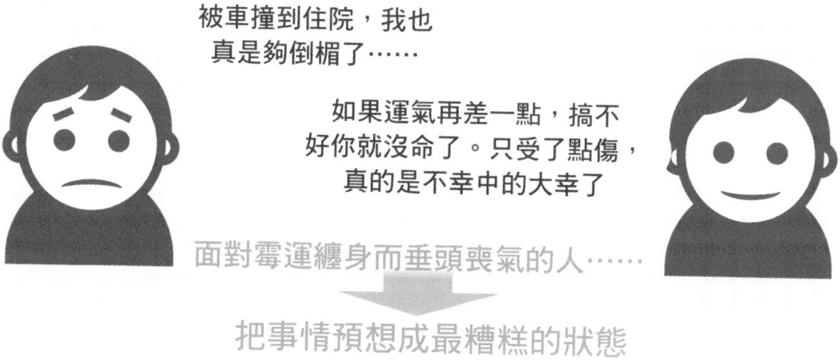
被車撞到住院，我也
真是夠倒楣了……
如果運氣再差一點，搞不
好你就沒命了。只受了點傷，
真的是不幸中的大幸了
面對霉運纏身而垂頭喪氣的人……
把事情預想成最糟糕的狀態

STAGE 4

如果希望成為對方的男友，首先要成為她信賴的商量對象

傾聽她的煩惱，展現出你對她的同理心，讓自己在她的心目中占有一席之地

如果你有心儀的女性，很希望自己能擄獲她的芳心，建議你第一件要做的事，就是努力成為她願意向你傾訴的好聽眾。

一個與自己感同身受，理解自己的人，對任何人而言都是重要的心靈支柱。當一個女性感到悲傷和疲倦不堪的時候，一個願意傾聽、默默守護的對象，自然很可能得到她的好感。

另外，當人處於情緒低潮時，若有人溫柔相待，他所感受到的喜悅會超出平時。簡單來說，只要你傾聽對方的煩惱，表現出將心比心的感受，就能縮短雙方之間的心理距離，假以時日，還可能在對方的心目中成為特別的存在。

除此之外，在聆聽對方的煩惱時，如果能在座位的安排多用點心，得到的效果更好。如同38頁的說明，面對面入座的話，雙方必須四目相交，會增加彼此的緊張。所以面對面坐著時，位置要稍微錯開，保持斜對面入坐。另外，一般人傾向於優先處理從右耳接收的資訊，所以如果選擇並排而坐，記得要坐在對方的右邊。

只要對方覺得你是個可以讓她放心的人，那麼你們之間的友情要昇華成愛情，只是時間遲早的問題了。

成為理解對方的人，有助於彼此的親密度增加

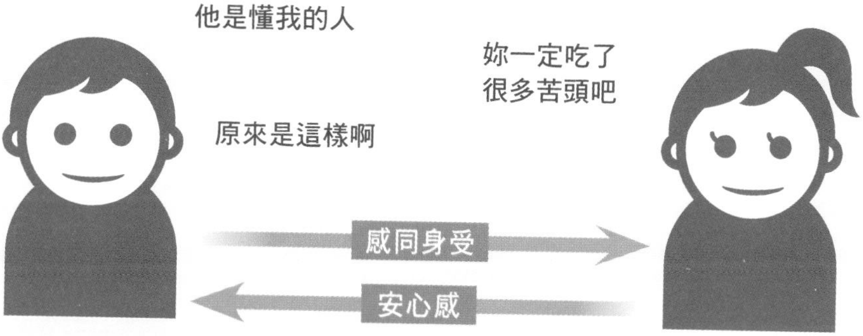
他是懂我的人
妳一定吃了
很多苦頭吧
原來是這樣啊
感同身受
安心感

只要願意傾聽對方訴苦……

①對方如果能找到一個了解自己，對自己有同理心的人，就會覺得有安全感

②當一個人陷入沮喪時，如果有人對自己好，他所感受到的喜悅會超過平時

■傾聽對方煩惱時的座位配置

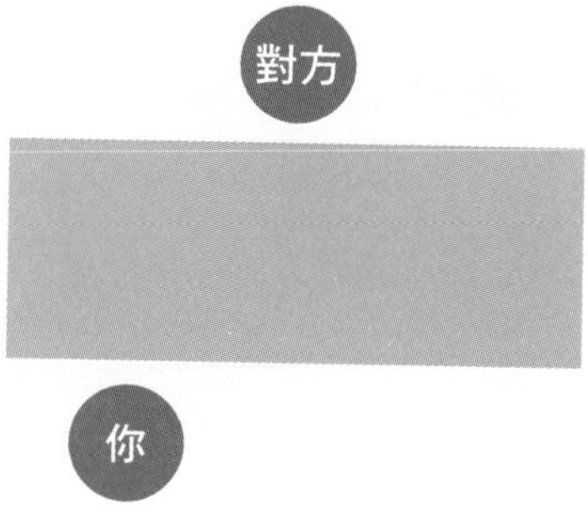
對方
你

面對面坐下，但位置稍微錯開

面對面入座，會增加彼此的緊張。如果想讓對方放鬆心情，重點在於保持斜對面就坐。

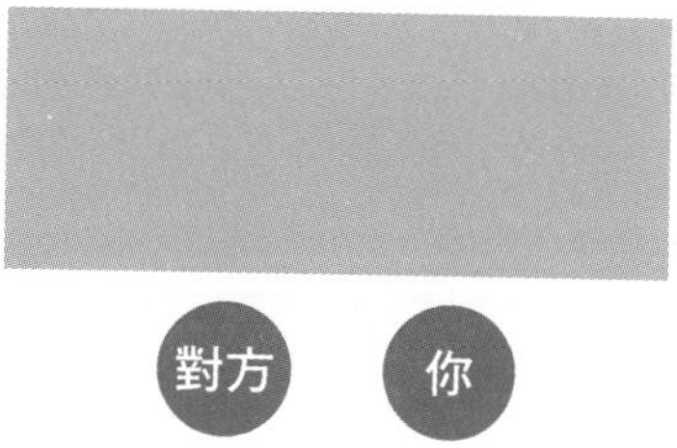
對方
你

並排入座時要坐在對方的右邊

人傾向於優先處理從右耳接收的資訊，所以如果雙方並排而坐，最佳選擇是坐在他的右邊

STAGE 5

人被摸頭就會開心

「動作」和「情緒」連動的機制

相較於女性間的肢體接觸，男性想觸碰心儀的女性，絕非容易的事情。但推薦一招給男性朋友們練習看看。

也就是所謂的「摸頭」。作法是把手輕輕地放在女生頭上，輕輕地拍拍。當然，想要使出這一招，必須以你有把握對方對自己有一定程度的好感為前提。如果你在對方感到沮喪的時候摸摸她的頭，大部分的女性都不會排斥，認為「這個人是在安慰我」而感到開心。

因為被摸頭而「勃然大怒」的情況可說相當罕見。大多數的人應該都會很開心，覺得「被稱讚」「受到鼓勵」。原因和我們從小所培養的認知有關，也就是「有人摸自己的頭=受到稱讚」的想法已經深植於生活之中。因為這是從小時候便一再體驗的經驗，所以一被摸頭自然會產生喜悅之情。

將摸頭的「動作」與名為開心的「情緒」連結在一起的，是受到稱讚的事實。心理學把「動作」與「情緒」配對成套的現象稱為「聯結原則」。

為什麼人被摸頭會覺得開心？

你做得很棒。
很厲害很厲害

從小時候開始

一被摸頭
↓
就會受到稱讚
↓
開心

一再反覆的經驗

受到稱讚
好開心喔！

因此只要一被摸頭，
自然會產生喜悅

■但是，對交情不夠深的對象是NG行為

你真的很努力呢

你別再摸我
的頭了

摸頭是一種肢體碰觸的行為，如果交情不夠深厚，做出這個動作反而會引起對方反感。甚至有可能會被視為性騷擾，一定要特別注意。

STAGE 6

女性說的「隨便，都可以」和男性說的「隨便，都可以」不一樣

口中雖說「隨便，都可以」，卻不斷否定對方提議的女性心理

相信眾多男士都有過同樣的經驗。約會的時候問女友想吃什麼，結果她的回答是「隨便，都可以」。於是，男性問女友吃拉麵好不好，但她卻說「太油，不想吃」……。

以男性的立場而言，因為女友明明已經說了「隨便，都可以」，自然會覺得心裡不是滋味，只是男性不知道的是，自己說的「隨便，都可以」，和女性說的「隨便，都可以」不一樣。

當男性說「隨便，都可以」的時候，幾乎正如字面上所示，就是真的什麼都可以，完全不設限的意思。但是，女性說的「隨便，都可以」，大多帶有附加條件，也就是「要我能滿意才行」。也因為如此，她們才能理直氣壯的說「隨便，都可以」，卻又輕易否定男性的提議。

有鑑於此，男性們即使下次又被女友打回票，也不必忿忿不平。請表現出溫柔體貼的一面，提出各種備案讓她選擇吧。另外，有些時候的問題出在女性本身，也就是「如果沒有聽到選項，也想不到自己喜歡什麼」。所以男性不妨先給她一個粗略的選項，像是「你想吃日式還是西式？」，而不是直接問她「你想吃什麼？」。若能把選項縮小到一定範圍，相信對方一定能更快下決定。

女性的「隨便，都可以」有附帶條件

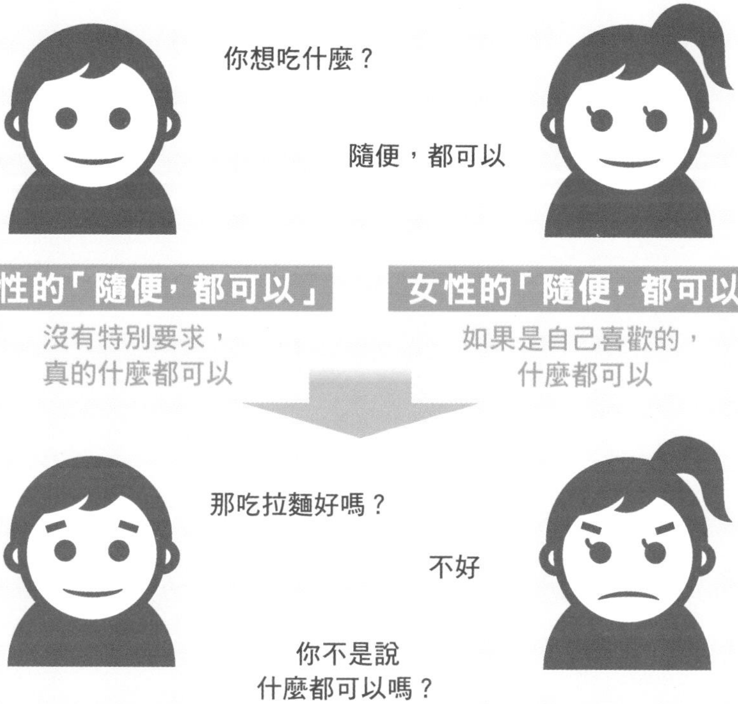
你想吃什麼？
隨便，都可以
男性的「隨便，都可以」
沒有特別要求，
真的什麼都可以
女性的「隨便，都可以」
如果是自己喜歡的，
什麼都可以
那吃拉麵好嗎？
不好
你不是說
什麼都可以嗎？

女性的「隨便，都可以」有附帶條件，
所以她們可以若無其事的推翻男性的提議

你比較想吃日式
還是西式料理呢？

．詢問對方「你想吃日式還是西式？」，而不是「你想吃什麼」，才是身為體貼男友該有的作為

STAGE 7

走出失戀陰霾的方式也有男女之別

失戀時男女特有的行動

當朋友因失戀而黯然傷神時，你會打算怎麼安慰他呢。其實，如何從失戀的陰霾走出來，方法也有男女之別。

一般而言，男性傾向於藉由喝悶酒或投入精力在興趣嗜好等方式，以發洩負面情緒。常見的特徵也包括有不少男性會因為失戀而否定自己，抱著「現在的我不夠好，被提分手也無可奈何」的心態。

相對地，女性則傾向於藉由各種方式，包括回想兩人交往時的點點滴滴、看催淚的影集或電影等，讓自己完全沉浸在悲傷的谷底。懷抱著「起碼在最後讓我向你說一聲對不起」這種近似罪惡感的情緒，可說是女性共通的特徵。

簡單來說，如果要安慰失戀的男性，最好的療傷方法就是陪著對方一起瘋、一起玩；如果是女性，就陪著她做盡所有能夠大哭一場的事，相信當事者也會覺得痛快。

除此之外，如左頁所示，一個人要完全告別一段戀愛關係的話，需歷經4個階段。直到④的「埋葬階段」結束，才代表一個人已經完全放下前任情人。或許很多人以為要忘記失戀的痛苦，最好的解藥就是展開新的戀情，其實，在「埋葬階段」正式告一段落之前，要重新踏入新戀情很困難。

失戀後的男女反應大不同

以男性而言　藉由喝悶酒、投入精力在興趣嗜好上，以排遣哀傷的情緒

運動等興趣　　喝悶酒　　開車兜風

以女性而言　完全沉溺在失戀的事實與哀傷的情緒

深陷在回憶之中　　看著愛情片流眼淚　　找朋友和家人傾訴

結束一段戀愛關係的4個過程

①自我處理階段……獨自承擔不滿與壓力

②企圖挽回階段……向伴侶表示不滿，企圖改善彼此的關係

③向周遭公開階段……如果雙方的關係已經無法修復，便下定決心分手，並向周圍公開

④埋葬階段……藉由回憶與放下，徹底結束這段關係

STAGE 8

如何讓人對你產生「我想幫助這個人」的想法

展現出和平時有著巨大反差的模樣，讓女性對你留下深刻印象

在各種擄獲女性芳心的心理技巧中，有一招是「挑動其母性本能」。就像呵護孩子是母親的天性一樣，一旦讓女性的內心燃起一股「我想要保護這個人」的念頭，她對對方的愛戀便就此萌芽。

那麼該如何啟動喚起女性本能的開關呢。答案非常簡單，就是「哀愁」。不過，男性也不能以為只要自己表現出鬱鬱寡歡的樣子就可以了。重點在於，你平常的模樣，要和「哀傷時的姿態」「虛弱的模樣」產生巨大的反差。這就像我們看到平常活蹦亂跳的小狗，被雨淋而發抖的樣子，都會心生憐憫，好想把它「立刻抱緊處理」是一樣的道理。

很多女性的母性本能，都會被當男性遭遇失敗或打擊時，不經意流露出來的脆弱所激發。如果是平常個性開朗、強勢的男性在人前不經意的示弱，打動女性的效果更好。

此外，疲憊的姿態和放下防備的姿態也會促使母性本能產生反應。例如平常看似孤高冷傲的男性，卻在甜食入口後，露出有如孩子般的純真笑容。這種巨大的反差很容易讓眾多女性感到怦然心動。不過，如果對方不清楚你平常的樣子，就不會有反差感了。簡單來說，如果想運用這個技巧，對方必須是朋友、職場上的同事等平常和你有一定程度交流的對象。

反差會喚起母性本能

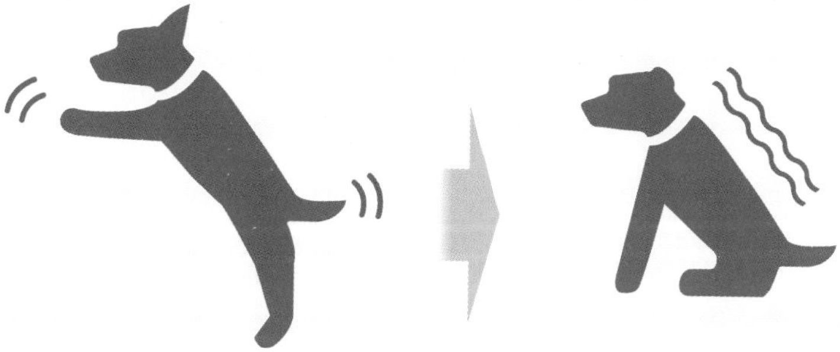

平常活蹦亂跳的小狗　　被雨淋溼而全身發抖

與平時模樣出現巨大反差的樣子會挑動女性的母性本能

若是進一步運用這個心理……

- 平常性格有如陽光般開朗的人，因為工作犯錯而變得垂頭喪氣
- 平常的個性很強勢，卻在不經意中流露出脆弱的一面
- 平常看似孤高冷傲，只要甜食一入口就眉開眼笑
- 在工作上是一把罩的能手，但私底下卻是個生活白癡
- 平常表現得精明幹練，但兩人獨處時卻很愛撒嬌

- 男性在不經意的情況下，流露出自己脆弱或示弱的一面，會讓女性怦然心動

STAGE 9

即使看到女性落淚，也無需手足無措

當女性在自己面前流淚時的適當處理方式

在工作上犯錯的女同事被你提醒之後，當著你的面流下眼淚……。相信不論於公於私，曾經因為女性在自己面前掉眼淚而方寸大亂的男性應該不在少數吧。以男性的立場而言，明明自己只是以很冷靜的口吻，告訴她有哪些地方需要改進，根本沒有對她疾言厲色的意思，但對方的反應卻讓自己覺得好像對她做了很過分的事。

女性之所以在職場上掉眼淚，理由在於女性比男性更容易感情用事。事實上，根據美國的統計數據顯示，相較於男性一年掉眼淚的次數是6～17次，女性則是30～64次，呈壓倒性居多。即使身處在「不太適合掉淚」的場合，男性若無法抑制情感，還是會忍不住掉眼淚。另外，當女性處於情緒過於激動的時候，有時候也會遇到自己也不知為何會掉眼淚的狀況。

遇到這種時候，最好的作法就是不要出聲，等待對方的眼淚停止。開口詢問或安慰的話，搞不好會使對方的情緒受到更多刺激，甚至變得激動。因為哭泣會活絡副交感神經，使人進入放鬆狀態，心情也會逐漸恢復平靜。等到對方的情緒緩和下來，再和她溝通就可以了。

面對女性的眼淚要冷靜以對

1年掉眼淚的次數

▼根據美國心理學家的統計數據▼

男性落淚的次數…6～17次
女性落淚的次數…30～64次

女性原本就有
比較常掉眼淚的傾向

當女性哭泣時，內心的想法是……

- 後悔、悲傷等各種感受在內心裡翻攪
- 有時候連自己也不知道自己為何掉眼淚

流淚能夠使高昂的情緒鎮定下來，使心情逐漸恢復平靜

- 沉著以對
- 不要盯著對方哭泣的臉
- 直到對方恢復平靜之前都不要開口

- 由你主動開口搞不好會使對方的情緒受到更多刺激，甚至變得激動

- 面對女性掉眼淚，最聰明的應對方法是保持冷靜，等待對方停止哭泣

STAGE 10

和對方的感情變得深厚的5個階段

理解何謂「建立親密關係的過程」，讓雙方的關係更進一步

人與人之間要培養出良好的交情，會經歷所謂的「建立親密關係的過程」，共分為5個階段。如果先掌握這點，就能夠分辨目前和自己想變得親密的對象處於哪一個階段，除此之外，也能清楚知道如果希望雙方的關係能夠更進一步，還需要具備哪些條件，所以請各位不妨好好利用。

第1階段＝相遇：這個部分由外在因素（外表、服儀）、性格特質（友善度、協調性）以及社會地位（職位、頭銜）組成。一個人在他人眼中的形象有7～8成取決於此，可說相當重要。

第2階段＝親密期：不論是見面、互通電子郵件、透過社群媒體互動等，雙方之間的親密感隨著接觸時間的增加而與日俱增。

第3階段＝定型期：雙方的興趣嗜好類似、年齡相近等共通點和相似之處越多，雙方的親密感也愈緊密。只要事先收集相關的資訊，雙方很可能會覺得一見如故。

第4階段＝穩定期：到了這個階段，兩個人的差異處反而有助於感情增溫。例如一個是行動派，另一個是理論派等性格上的差異，會成為互相吸引的魅力。

第5階段＝互相理解：已經到了分享祕密的階段。雙方之間已產生強而有力的羈絆。

兩個人培養出深厚交情的「建立親密關係的過程」

1 相遇

第一印象取決於外表、性格、頭銜。一個人在他人眼中的形象有7～8成取決於此

你好，
很高興認識你

2 親密期

透過見面、互通電子郵件、以社群媒體互動等，雙方的親密感隨著接觸時間的增加而成長

3 定型期

因彼此的共通點和相似之處，兩人一下子變得親密

那個樂團是
我最喜歡的樂團！

我也是耶！

4 穩定期

自己和對方的差異之處在彼此眼中反而成為魅力所在，進而互相提升彼此的價值

5 互相理解

彼此坦誠以對，共享祕密

老實說，
我……

我們半斤八兩啦……

STAGE 11

模仿對方的動作能夠提高他對你的好感

讓對方覺得「我和這個人心意相投」的心理技巧

不論是價值觀和想法類似，還是志趣相投、笑點相同，人對「覺得和自己很像」的人都會抱著親切感。心理學上把這種現象稱為「相似性效應」。而「鏡射」便是利用此效應所用來與對方變得更親密的心理技巧。

作法很簡單，就是看到對方做什麼，你也跟著做。舉例而言，對方如果頷首表示同意，你也跟著點點頭；如果他微笑，你也跟著笑；如果他拿起杯子喝飲料，那你也跟著喝。總之，就像兩片鏡子對照一樣，你只要模仿對方的動作就行了。

雖然只是動作與對方同步，但是對方卻會在不知不覺中意識到「我和這個人好像」，而且產生「和他相處很開心！」的感覺。

另外，鏡射也可以運用在語言上，效果很好。就像鸚鵡學舌一樣，如果對方說「我好高興」「我好快樂」，你只要跟著說，就能得到和模仿對方動作同樣的效果。如果你希望更親近某個人，不妨試試看。

但是，使用這項技巧的前提是不可以被對方發現「這個人在模仿我」。如果被發現就破功了。模仿的重點在於要表現得不著痕跡，要是演過頭就沒有效果了。

運用鏡射的技巧來提升對方對你的好感

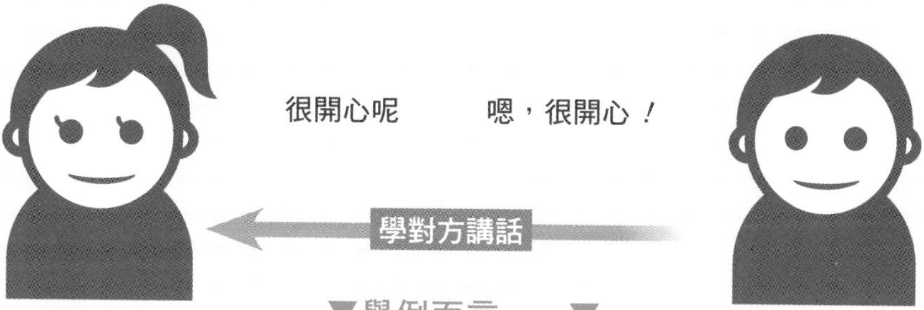
很開心呢
嗯，很開心！
學對方講話

▼舉例而言……▼

- 如果對方喝飲料，你也跟著喝
- 如果對方摸頭髮，你也跟著摸頭髮
- 如果對方笑了，你也跟著笑
- 如果對方的身體往前傾，你也跟著往前傾
- 像鸚鵡學舌一樣，如果對方說「我好高興」「我好快樂」，你也跟著說

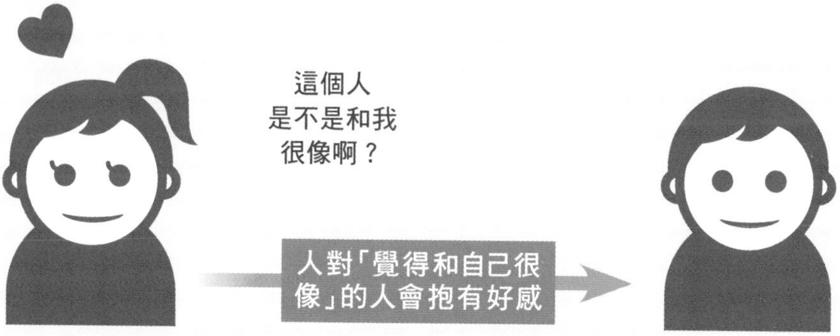
這個人
是不是和我
很像啊？
人對「覺得和自己很
像」的人會抱有好感

鏡射技巧也能應用在電子郵件和互通簡訊的場合！

- 文體和語尾
- 每一行的文字對齊等書寫方式
- 整體的長度　・有無換行

比照對方的格式調整上述細節，
能增加對方對你的好感

STAGE 12

分辨是真笑還是假笑的方法

發自內心的笑容和勉強擠出來的笑容不一樣

不論是參加聯誼，還是與客戶應酬，當我們看到對方臉上的笑容，總會想知道他的笑臉到底是發自內心，還是只是強顏歡笑。其實只要掌握幾個重點，想要分辨對方究竟是真笑還是假笑並不困難。

一般而言，人感到開心、看到或聽到什麼有趣的事情時，上眼皮會往下垂，眼角會起皺紋，嘴角與眼睛的距離也會縮短。相對地，如果是假笑，眼角不會起皺紋，臉頰的肌肉也不像真笑時會往上抬。另外，當一個人只有單邊嘴唇往上抬，也只有一隻眼睛瞇起來，笑起來顯得臉部的左右兩邊不對稱時，表示是含有輕蔑意味的笑。如果發現對方露出這種表情，建議你趕快修正對話的方向。

瞳孔的反應也是確認的重點項目之一。當人看到喜歡或感興趣的事物時，瞳孔會放大。如果你發現對方看著你的時候，他的瞳孔呈放大狀態，表示他覺得你頗有魅力。不過，因為不安或驚訝等造成交感神經受到刺激時，也會造成瞳孔放大，所以不能只看瞳孔，要連表情一起確認才準確。

另外從嘴角和姿勢，也能判斷對方表現出來的愉快模樣是否發自內心。如果下次你發現對方的笑容並非發自內心，請試著改變話題等進行調整，再確認他的反應有無改變吧。

真正的笑容和勉強擠出的假笑不一樣

瞳孔

看到喜歡的事物或眼前出現讓人很感興趣的事物時，瞳孔會放大

嘴角

一般而言，人笑得很開心的時候，嘴巴會張開到稍微露出牙齒。如果嘴巴抿得緊緊的，表示當事人緊閉心房

笑容

人感到開心、看到或聽到什麼有趣的事情時，上眼皮會往下垂，眼角會起皺紋，嘴角與眼睛的距離也會縮短。如果是假笑，眼角不會起皺紋，臉頰的肌肉也不像真笑時會往上抬

姿勢

由衷感到開心時，人會把身體探出去好讓自己的注意力更集中。如果一個人把背靠在椅背上，或者把臉轉到一邊或者轉移視線，表示他的笑容很可能不是發自內心

STAGE 13

在晴天約會吃飯，能夠使對方對你的好感大增

一起享用美食，對方會對你更有好感

享受美食的時候，人自然會感到很幸福，也會覺得自己眼睛所見的人事物，看起來都很美好。另外，用餐時聽到的話與當場的氣氛，也會與美食帶來的美妙體驗產生連結，讓人對這次的約會留下更好的印象。

「午餐技巧」是利用美食進行談判的技巧之一。也就是藉由用餐讓對方獲得快樂與滿足，使你的談判目的和要求都更容易被接受。

事實上，國外曾經進行相關的心理實驗。有人向受試者分別在用餐前、中、後說明各種觀點，之後向詢問受試者所留下的印象。結果顯示在用餐時聽到的意見最受到好評。同樣的道理，公司招待客戶佳餚與美酒，也稱得上是「午餐技巧」的代表性例子。

當然，午餐技巧也可以運用在追求自己心儀的異性。一起享用美味的一餐之後，對方會感到心滿意足，對你的好感自然也提升了。另外也有實驗數據顯示，好天氣容易帶來好心情，所以拜託別人的事，也較容易得到對方允諾。如果你想和心儀的異性拉近彼此的距離，最高明的作法就是在晴天約對方來個午餐約會吧。

一頓美食可以快速拉近兩人的距離

料理

美味
快樂
滿足
幸福

＋

氣氛

溫馨
開心
舒適

＋

天氣晴朗

心情跟著飛揚起來
心胸更加開放

・享受佳餚後帶來的滿足感、溫馨舒適的氣氛、晴朗的好天氣都會成為加分的要素，讓人對與自己一起用餐的人產生更多的好

STAGE 14

利用黑暗效應與吊橋效應為戀愛製造更多浪漫

陰暗的場所與心跳加速的感覺是強力的愛情催化劑

如果有機會和你心儀的異性出遊，你會選擇什麼樣的地點呢。以下將以心理學的觀點，為各位介紹幾個值得推薦的地點。

首先是「黑暗效應」。在光線昏暗的酒吧和煙火晚會等暗處約會，會讓人比較看不清楚對方，於是在不安的驅使下會不自覺的靠近對方。簡單來說，在黑暗中約會，很容易縮短兩人之間的身體與心理上的距離。另外，一旦置身於暗處，人的判斷力和思考力也會下降，舉例而言，當人置身於黑暗中時，若是平常聽到一定會心生警戒的甜言蜜語，或者手突然輕輕被握住的舉動，都可能毫無抗拒的接受。請各位在緊要關頭不妨試試這項技巧。

另一項技巧是「吊橋效應」。也就是讓對方產生錯覺，把利用過吊橋時，因為緊張、不安、恐懼感所產生的心跳加速感，和戀愛時臉紅心跳的感覺混為一談。想利用「吊橋效應」的人，可以和對方相約在有雲霄飛車的遊樂園、位於高處的觀景台等。其中要特別推薦的是同時具備「黑暗效應」與「吊橋效應」的鬼屋。若是兩人決定共遊鬼屋，想必一定能急速拉近雙方的距離。從這點看來，鬼屋堪稱是為兩人牽起紅線的幸運寶地。

可發揮戀愛助攻效果的黑暗效應與吊橋效應

■黑暗效應

▼推薦地點▼

- 酒吧
- 電影院
- 天文台
- 煙火晚會

只要讓對方因身處暗處而不確定你的存在，他就會感到不安而主動靠近你

身體上、心理上的距離也縮短了

只要置身在光線昏暗的場地，兩人自然愈靠愈近

■吊橋效應

▼推薦地點▼

- 雲霄飛車
- 摩天輪
- 觀景台
- 鬼屋

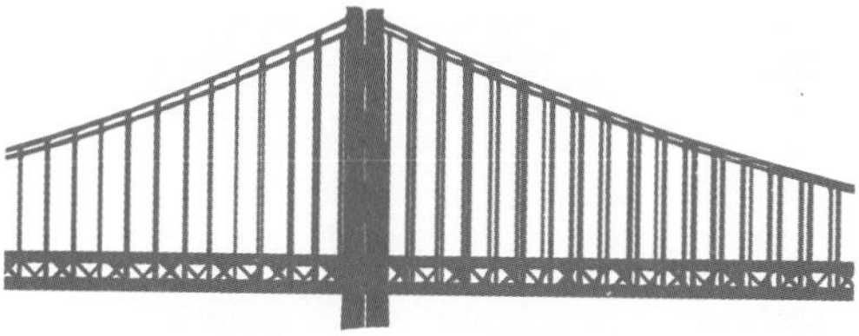

臉紅心跳♡

過吊橋時因緊張感、不安、恐懼所產生的心跳加速感

產生以為是內心小鹿亂撞的錯覺

STAGE 15

找出共通點是提升親密度的好方法

人對與自己共通點愈多的人愈容易產生親近感

相信很多人都有過這樣的經驗。和初次見面的對象一聊，發現彼此是同鄉，從此話匣子大開，聊得非常熱絡。對與自己有共通點和相似之處的人懷有好感是人的天性，因為當一個人從某個人身上感覺到「這個人和我好像」，他會產生安全感，覺得自己的存在是有意義的，願意敞開心房。

所以，如果你想和某個人培養出深厚的交情，最快的方法是找出自己和對方的共通點，再藉由這個話題炒熱氣氛。共通點的內容不拘，不論是年齡或生日、喜歡的音樂或電影、支持的球隊等都可以。雙方的相似之處愈多，愈容易互相感到有親切感，一見如故。

另外，如果談話的目的是為了打破彼此的隔閡，不妨善用「開放式問題」，好讓交談的內容更有深度。方法很簡單，就是問對方不是用「YES／NO」就能回答的問題。舉例而言，假設你知道對方讀完了一本很熱門的書，可以請教他「這本書的內容在講什麼呢？」，而不是問「這本書好看嗎？」。因為如果以後面的方式詢問，對方只要說一句「好看」就結束了，但如果是前面的問法，對方就會說明具體的內容。接著只要從對方告訴你的內容，延伸出更多開放式問題，這樣就不愁沒有話聊會冷場，相信雙方一定能夠相談甚歡。

利用共通點和開放式問題讓兩人快速拉近彼此距離

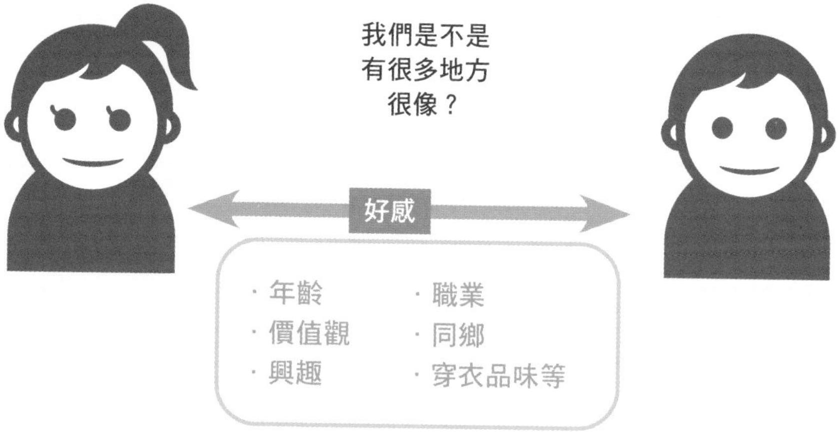
我們是不是
有很多地方
很像？
好感
· 年齡
· 價值觀
· 興趣
· 職業
· 同鄉
· 穿衣品味等

· 雙方相似之處愈多，愈容易產生親切感

■ 利用開放式問題讓自己成為聊天高手

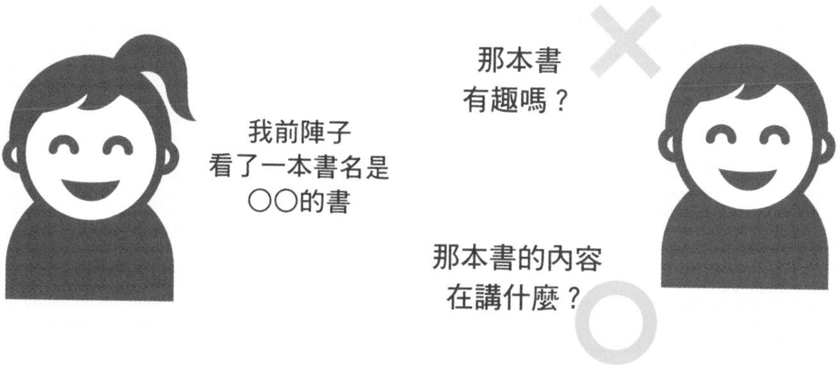
我前陣子
看了一本書名是
○○的書
那本書
有趣嗎？
那本書的內容
在講什麼？

· 提出不是用「YES／NO」就能回答的問題方便讓對話繼續下去，炒熱氣氛

STAGE 16

讓對方還想與你見面的心理技巧

成為「讓人期待之後會做什麼」的人，對方就會感到心動

在聯誼等場合結識心儀的異性時，為了如願與對方有進一步發展，當務之急是讓對方產生「我還想見到那個人」的念頭。以下為各位介紹一個能夠順利達陣的心理技巧，也就是當你們聊得正熱絡時，你卻突然喊停，告訴對方：「不好意思，我有急事得先走了」，替兩人畫下對話休止符。

和已經完成的事情相比，人反而對沒有辦成的事印象更深刻，換言之，雖然兩人的對話硬生生地結束了，但對方應該會對你留下更深刻的印象。而且，「雖然很美好，可惜結束得太早」的想法會在對方心裡萌芽，所以如果你提出下次再約或交換聯絡方式的提議，對方很可能會一口答應。

如果不選擇「中途落跑」，也可以試試在雙方道別之前，留下一句耐人尋味的話。例如只要告訴對方「下次我們見面的時候，我有一件東西想給你」，相信就能挑起對方的好奇心，讓他不斷猜想「他到底要給我什麼啊？」。每當播到劇情反轉、生死一瞬間的重大危機等精采處，螢光幕接著卻出現待續兩個字，是連續劇和漫畫等作品慣用的手法，同樣的道理，只要你能夠成為「讓人期待之後會做什麼」的人，就能成功吸引對方的注意。

如何讓對方還想與你見面

■在聊得正開心時，結束對話

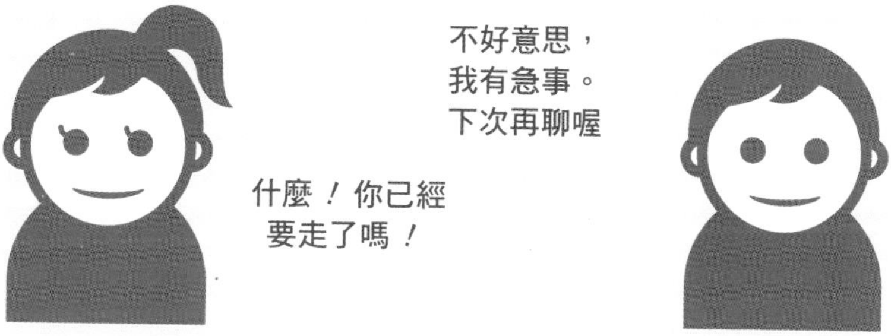
不好意思，
我有急事。
下次再聊喔
什麼！你已經
要走了嗎！

故意提早結束談話，會讓對方覺得依依不捨

■在道別前留下一句耐人尋味的話

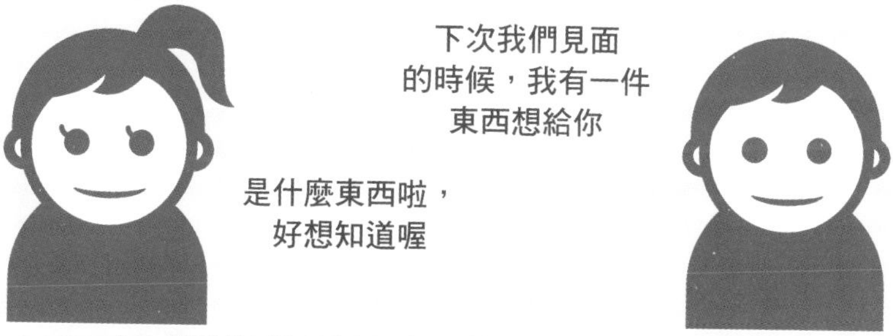
下次我們見面
的時候，我有一件
東西想給你
是什麼東西啦，
好想知道喔

人在道別時說的話和身影最容易讓人留下印象，
所以要把握這個機會增加印象分數

好想再
和他見面

讓自己變成像連續劇一樣「會想繼續看下去」的人，就可以很順利地與對方交換聯絡方式和敲定下次約會

STAGE 17

讓對方離不開你的心理術

能夠配合對方的需求，給予「心理報酬」很重要

對能夠為自己帶來物質上和精神上利益的對象抱有好感是人之常情。心理學者將之稱為「心理報酬」，並依照其中所包含的要素分為「愛情」「金錢」「資訊」「地位」「物品」「服務」這六大類。簡單來說，能夠給予自己這六種報酬的人，就會成為自己喜歡的對象。

這種「心理報酬」的原則當然也適用於戀愛。最關鍵的一點是你是否能精準判斷對方想要的是什麼。如果對方想要的是愛情，就算一味給予金錢也沒有意義。能夠配合對方的需求，給予他想要的「心理報酬」，才是一段關係能否長久維持的重點。

另外，如果長期以來只有某一方一直從對方收到心理報酬，就會像44頁的「好感的互惠性」所提到的，他也會產生「我必須回報對方」的心理。若能看準這一點，你就能緊密維繫這段關係。具體作法就是一直給予對方想要的心理報酬，讓他永遠保持「還有小額借款還沒還」的狀態，對方就會產生「我總是虧欠他」的心理，如此一來他就離不開你了。

心理報酬可以幫助你牢牢抓住對方的心

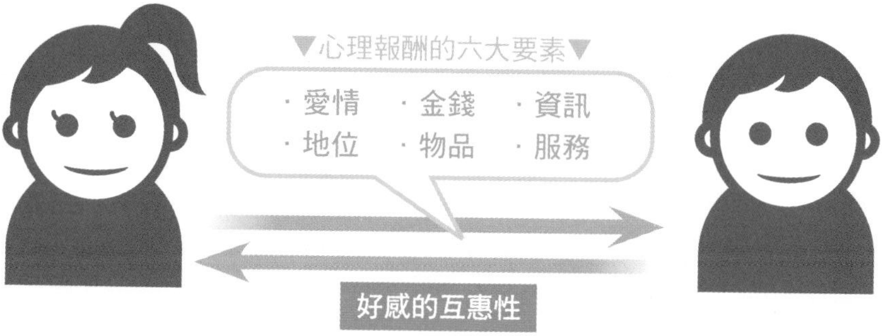
▼心理報酬的六大要素▼
·愛情 ·金錢 ·資訊
·地位 ·物品 ·服務
好感的互惠性

·給予對方心理報酬，除了贏得對方對自己的好感，也會讓他產生「我必須回報人家」的心理

但是，如果給予的心理報酬不符合對方的需求，效果不佳

比起金錢，我更想要的是愛情
向渴望愛情的人提供金錢也沒太大的意義

·配合對方的需求，給予他想要的「心理報酬」，才是讓戀愛關係長久維持的祕訣

【參考文獻】
『ヤバい心理学』神岡真司 監修（日本文芸社）／『もっとヤバい心理学』神岡真司 監修（日本文芸社）／『思い通りに人をあやつる101の心理テクニック』神岡真司 著（フォレスト出版）／『仕事・人づきあいで差がつく知っておきたい心理テクニック156』神岡真司 著（辰巳出版）／『こわいほど使える アブない心理学』神岡真司 著（青春出版社）

國家圖書館出版品預行編目資料

危險心理學：直搗對方的弱點,輕鬆駕馭對方的暗黑心理技巧大全！／神岡真司監修; 藍嘉楹譯. ─ 初版. ─ 臺中市：晨星出版有限公司，2023.06
面；公分 .─（知的！；219）
譯自：眠れなくなるほど面白い 図解 ヤバい心理学
ISBN 978-626-320-435-5（平裝）
1.CST: 人際傳播 2.CST: 溝通技巧

177.1 112004372

知的！219

危險心理學：
直搗對方的弱點，輕鬆駕馭對方的暗黑心理技巧大全！
眠れなくなるほど面白い 図解 ヤバい心理学

監修者 神岡真司
設計 BOOLAB.
內文圖版 寒水久美子
譯者 藍嘉楹
編輯 吳雨書
封面字體設計 ivy_design
美術設計 曾麗香

掃描QR code填回函，
成爲晨星網路書店會員，
即送「晨星網路書店Ecoupon優惠券」
一張，同時享有購書優惠。

創辦人 陳銘民
發行所 晨星出版有限公司
407台中市西屯區工業30路1號1樓
TEL：（04）23595820 FAX：（04）23550581
http://star.morningstar.com.tw
行政院新聞局局版台業字第2500號
法律顧問 陳思成律師
初版 西元2023年6月15日
再版 西元2024年7月15日（3刷）

讀者服務專線 TEL：（02）23672044 /（04）23595819#212
讀者傳真專線 FAX：（02）23635741 /（04）23595493
讀者專用信箱 service @morningstar.com.tw
網路書店 http://www.morningstar.com.tw
郵政劃撥 15060393（知己圖書股份有限公司）

印刷 上好印刷股份有限公司

定價350元

ISBN 978-626-320-435-5

"NEMURENAKUNARUHODO OMOSHIROI ZUKAI YABAI SHINRIGAKU"
supervised by Shinji Kamioka